她时代

格言杂志社编

凤凰出版传媒集团
凤凰出版社

图书在版编目（CIP）数据

亲爱的. 4 / 格言杂志社编著. -- 南京：凤凰出版社，2011.8
ISBN 978-7-5506-0776-7

Ⅰ.①亲… Ⅱ.①格… Ⅲ.①汉语-语言读物 Ⅳ.①H194

中国版本图书馆CIP数据核字(2011)第164585号

书　名	亲爱的4
编　著	格言杂志社
版式设计	张津楠　张冬冬
封面图片	达志影像
责任编辑	张叶青
出版发行	凤凰出版传媒集团　凤凰出版社
出　品	凤凰出版传媒集团　北京凤凰天下文化发展有限公司
公司网址	北京凤凰天下网　http://www.bookfh.cn
印　刷	北京泽宇印刷有限公司（北京市怀柔区庙城镇王史山村）
开　本	700×1000mm　1/16
印　张	8
字　数	185千字
版　次	2011年8月第1版　2011年9月第2次印刷
标准书号	ISBN 978-7-5506-0776-7
定　价	15元

（凡印装错误，可向发行部调换，联系电话：010-58572106）

她时代新说

众里寻她

◎ 彭 扬

暮霭沉沉的历史巨河,最难觅寻的便是美人的踪迹。这本岁月斑驳的石书,一度在男性的权力笔墨间流传,仿佛一个没有舞姿的舞场,只能依借空影和沉香对女性凭吊。历史里的美人,或燃生战祸,或羞花闭月,但她们终究只是胭粉的名词:花貌、鸟声、玉骨、雪肤、水态和诗心。即使是倾城倾国、独立绝世的美人们,也终会让时间风化了家名,凋落得一片素净。女性在变幻莫测的风云里,作为一个性别、一种角色、一种命运,仿若成为了一页页色迷彩蒙的悬念。

拉落雪国般清冷的帷幕,你会发现,今时今日,历史正在峰回路转、柳暗花明。美人不再只是传说,她成为律动的倩影,婀娜摇曳地存在于我们的日常生活里,一个女性的时代正在悄然起身:身瘦者为骨感;体胖者为性感;高挑者观玉立,小巧者品可爱。美的标准甚至穿透了女人的年轮:苏珊大妈年过半百,依然能以绰绰丰姿成为全球偶像;林妙可不足十岁,其聪灵萌动风靡观众无数。这是一个属于"她"的时代,最好的标识便是电影明星索菲亚·罗兰写在碎花日记本扉页上的座右铭:"一旦你自信,就能找到自己最独特的气质,你就是最有魅力的人。"

这是一个最"坏"的时代,因为黄历中的经典美人早已成为过往,美的统一标准正在被破坏,多元的审美趣味正在风起云涌。潮流的缔造者不再是高高在上的时尚教主,她的皇冠生长在了每个女人的头上。只要你愿意装点自己,你就是最美丽的风景。

这也是一个最好的时代,因为新时代的女性"形""神"兼备:形美愉悦他人,神美深化自我。新女性的精神是一片醒来的森林,萦绕着独立的芬芳,弥漫着个性的光辉,蜿蜒着信念的河流,簇生着自觉的果实,催人向上,给人鼓舞。它是女性观念革命最有力量的发动机,也让女性确立美的不再是标准,而是悦己才能悦人,这是伍尔夫笔下"一间自己的房间",也是人群中波伏娃对萨特的莞尔一笑。于是女性不再是历史中碎断的影像,她们的美也成为了朵朵饱满鲜活、有迹可循的风栀。

众里寻她千百度,回首阑珊,那时代的灯火便是悦己和自性之光。

目录 她时代 | CONTENTS

03 众里寻她　　　　　　　彭扬

寻找小红帽

08 龙与玫瑰　　　　　　　宅人
14 织梦师的神秘花园
17 俄罗斯黑发少女　　　　陆毅
19 命中注定　　　　　劳埃斯·邓肯
23 光影年华是有效信
26 公爵　　　　　　　　江国香织
30 大王子　　　　　　　　青闰
32 从娃娃亲开始的青春期　王增杰
34 风云纪：惊鸿一瞥的华丽邂逅 mogreenle

斯芬克斯流年

37 少年英雄史　　　　　　须生
43 我盛大的梦幻婚礼
46 黑白之舞　　　　　　乘凉的鱼
50 巴黎少女印记　　　　苏菲·玛索
52 男女生之间有没有纯友谊？
55 伊莎贝拉其实不是蝴蝶　逸安
58 尚·午时IN刻
61 机器人班登　　　　　万里秋风
64 黑色的眼睛：邪典电影

寒武纪茱蘼

68 夜别枫桥　　　　　　　　　　林　彦
70 只有鹿小姐才能见到小王子　　谢　桥
75 玫瑰战争
79 两只狐狸　　　　　　　　　　天　宇
80 永子小姐的话　　　　　　　　石田裕辅
82 命中他力量
85 落梅驿　　　　　　　　　　　弹杯一笑
92 给世界上的另一个我
94 西窗　　　　　　　　　　　　苏　童
97 在时代华美的盛宴上

她时代的光与影

121 春宴·三月弥生
122 夏籽·七月央歌
124 秋枫·九月粟粒
126 冬露·腊月琼屑
128 晕轮·锦羽之城

伊丽莎白织舞

100 木偶剧团抵达欧登塞　　　翡翠小姐
104 寄在信封里的灵魂　　　　朱生豪
106 塔莎奶奶的一天　　　朱晓佳 朱桂英
109 她是女子，我也是女子
111 爱杀の七种武器
113 嗨，陪我走过青春的老男孩　桑　宁
116 十五岁出门远行　　　　　　格　非
118 皇冠顶上的湖水蓝

总 监 制　李　彤
总 策 划　谷　雨
执行主编　小　卯
编　 者　佳蕾 左尔 罗生

寻找小红帽

　　她在纬度最高的地方，天空经度弯向地面的方向，伸手采摘星辰和云霞，一种时空的错觉很鲜艳。她在森林的边缘感受生命的魅力，那些从岩石罅隙间盛开的泉水轻盈地滑过花朵的诱惑，因为某种许诺，亲切地走向大海的信仰。

　　在她荡漾起的火红斗篷里，热情地奔跑出一股中世纪的童趣，膜拜在森林的曲径之内，如叶瓣上的甘露，洗濯行者疲惫的渴望；如清浅的溪声，浸入森林诗歌的血脉。

　　在她手捧的童话书深处的呼吸里，风是一种意境；雨是一种意境；野花歌唱的声音，是一种意境；种子成长的声音，也是一种意境。

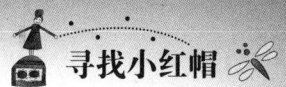

麻鲁美十二岁，是兰斯修道院女孩子里最大的一个。

她留着一头利落的短发，发丝是银色的，像深夜投在泉水中的月光那样漂亮。她的眼睛也是同样的银色，这很特别，当她看着你的时候，总好像在看着某个遥远的别处，显得有点儿发呆。麻鲁美的身体非常纤细，当你看着她的手和脚的时候，总能想到在林地里轻盈跳跃的小鹿。

麻鲁美是一个狂热的"龙迷"。是的，她喜欢那种飞在天上的大怪物，大坏脸、肉翼、长长的尾巴、会喷火。她喜欢一切和龙有关的东西，比如礼拜堂彩色玻璃角落里的巴掌大的龙的图画，比如饭桌上那个龙杯小雕刻。她一有时间，就会拿着蜡笔到处涂鸦，画的都是各式各样的龙。

如果你在麻鲁美面前讲了个关于龙的传说，她就会一下子缠住你，用她那双银色的眼睛巴巴地看着你，静静地不说话，好像一只哀求的小狗儿。于是，你不得不把你听来的龙的传说再给她讲一千次，在未来的几年里，用你可怜的想象力一点点补充传说的每个细节。

兰斯神父总是说，世上没有神秘。所谓神秘，不只是龙，还包括恶魔、飞天的古代机器、魔法什么的。这使得麻鲁美失望得眼泪都流出来了。她在森林里失踪了一整天，回来时小脸蛋上还挂着浅浅的泪痕，自此她就不理兰斯神父了。

兰斯神父并不是想捉弄麻鲁美，在修道院之外的那个广大世界里的国王不喜欢龙，也不喜欢其他一切神秘的玩意儿。神父大概只是想约束一下麻鲁美的好奇心吧！

麻鲁美喜欢夏菲嬷嬷，当然，我们大家也都喜欢夏菲嬷嬷，只是没有麻鲁美那样狂热，她简直把嬷嬷当成了她的妈妈、姐姐和奶奶，有事没事总是缠着夏菲嬷嬷，让她讲一些古老的、神秘的故事。

艾哈迈的风俗是这样的：一个女孩子，十二岁就算成年了，而男孩子则要到十五岁。麻鲁美十二岁生日的时候，大家为她举行了盛大的生日会。

兰斯神父、夏菲嬷嬷和其他的嬷嬷、修女们带我们到了密林深处的一块空地，大家手挽着手，连成一个圈。月亮缓缓地升上了枝头，树木的枝丫纠缠在一起伸向夜空，只在中央留着一个天井似的圆洞，银色的月光就从那儿倾泻下来，洒在麻鲁美身上，她用小手接着它，有些茫然地抬着头。

兰斯神父带头，大家都唱起了圣歌。我听到四周的林地深处有动物们活动的声音，但是却没有一只鹿或者飞鸟什么的来参加麻鲁美的生日会。它们都跟我们一样敬畏兰斯神父。

"感谢主。"唱完了圣歌，兰斯神父满脸虔诚地画起了十字。他是用左手画的，他的右手从我记事的时候就没有了。

夏菲嬷嬷走向麻鲁美，轻轻把她扶起来，在她的小手里塞了一件东西。当麻鲁美疑惑地看她时，夏菲嬷嬷笑了，捏了捏麻鲁美的小手："这是你的生日礼物。"

回到修道院后，麻鲁美给我看了那件礼物，那是一片银色的鳞片，跟兰斯神父爱用的水晶葡萄酒杯杯口一样大。

我当时真是大大地惊讶了一下，因为那鳞片美得不像话，那种隐隐的银光变幻莫测，好像盯着它就能读到全艾哈迈小孩子的梦境。它美得就像麻鲁美脸上幸福的笑容。

麻鲁美当然爱死了那片银鳞，不只是因为它是她的生日礼物，还因为夏菲嬷嬷告诉她

寻找小红帽

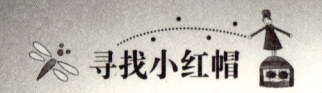

说,那是一片龙鳞。

"兰斯神父说,世界上没有龙,龙只是人类的一千万个谎言中最不起眼的一个。你就别痴迷这个了,麻鲁美。"

"神父还说他是最虔诚的神的子民呢。昨天我还看见他拿《圣典》给毛毯掸灰,拿圣约翰的雕像给夏尔蒂娜嬷嬷捶背。"

"好吧,神父是不怎么样。可是那也不会是龙鳞。那肯定是一块大贝壳,夏菲嬷嬷把它削成鳞片的形状。"

麻鲁美的小腮帮鼓了起来,凶巴巴地瞪我,瞪得我禁不住后退几步。她把鳞片宝贝似的贴在胸前,一字一句地对我说:"我,不,跟,你,说!哼!"

她还真的不理我了。别的小孩子也觉得那鳞片是贝壳,不过,他们还没有像我这样仔细看过呢。

一天过去了,露卡妹妹找到了我。

"哥哥……"露卡低着头,把她的大眼睛翻上来看我,好像做错了事的样子,"麻鲁美姐姐给我看了她的生日礼物哦。我觉得……那真的是龙鳞!是银龙的鳞片!大概是它肚皮上的!"

露卡说得煞有介事,不过配上她那张纯真的小脸儿,也没有多少可信度。我摸了摸她的头:"哎呀,你怎么也跟着麻鲁美一起犯傻啊。虽然神父谎话连篇,可是有些事情他没必要骗我们。你瞧,我们修道院离迷幻之森多近啊,可是我们连一个传说中的小魔怪都没见过,魔怪都没有,更别说龙啦。"

"但那真的是鳞片,不是贝壳!"

"那也可能是别的什么生物的鳞片。"

"什么动物有这么大、这么美的鳞片呀!"露卡用小手夸张地比画着。

"不知道。可能是泰戈尔海里的什么大鱼吧。我们又没去过大海边。"

"哥哥,说到魔怪……"一直静静坐着的雷安开口道,"我见过魔怪呀!"

"哦?在哪儿?"我笑着问他。

"在神父的房间里。是一个又小又矮的灰色怪物,叽叽咕咕地跟神父讲话。那天轮到我值勤,经过神父的房间,正好雅尼嬷嬷从神父的房间出来,门开了,我就瞥见了那个魔怪。我觉得神父那个国王级别的豪华大床下面有密道口,魔怪就是从那里面出来的。"

"你发烧了吧!还灰色的小怪物呢。那是温莎的强盗头子送的灰矮人雕像!"

"温莎在哪儿?"露卡问。

"在千里之外。正因为这么远,强盗头子来了当然不能空手。兰斯神父可贪心呢!"

"但是,我真的听到小魔怪在说话!"雷安一副受委屈的样子,大叫起来。我冲他一撇嘴。哎,麻鲁美自小就是个幻想狂,雷安和露卡怎么也跟着闹啊!

当天夜里,我做了一个奇怪的梦。梦里我和麻鲁美重新回到了她过生日的那块林间空地。她问我说:"哥哥,你真的不相信世上有龙吗?"

我大笑:"当然了,神父虽然是个大骗子,可是多少也会说两句实话吧。"

"那么,我又是什么?"麻鲁美这么说着,向头顶张开双臂,银色的月光像烟雾一样缠绕着她纤细的手臂,一圈圈地裹着她,她整个人都透明起来,突然一下变成了一条银色的巨龙。

这个梦如此清晰,我起床时还记得其中的细节,真是有些难以置信。我有些不安,想找夏菲嬷嬷说说这件事。

寻找小红帽

我们修道院非常大，光是教堂就有六个，连接这些教堂和修士们住宿的楼房的甬道加起来，可以从森林一直连到艾哈迈中心。兰斯神父说，我们修道院地处林地边缘，有的是地方建房，而且现在有钱的信徒很多，圣神教的发展达到了历史的顶点。"啊！人们多么虔诚啊！主，请赐福给他们吧！"我虽然只有十三岁，没出过修道院见过世面，可是我也不相信神父的鬼话。

我还记得最新的一座教堂修建的时候，来的建筑工人最初都是膀大腰圆、眉目不善、胳膊上刻着刺青、裤腿里藏着匕首、脸上带着刀疤。哪有长成这样的工人啊！果然不出两天，那些工人就都不干活儿了，每人带来了几个真正的泥水匠。这些泥水匠可能干呢，教堂修得比山豹爬树还快，因为先前那些建筑工人都是非常严厉的监工……不过，那都是兰斯神父的事情，谁管他。

夏菲嬷嬷的房子在圣心教堂的后面，我一推开房门，就听见露卡的声音："真的，夏菲嬷嬷！我真的看到了！一条好大的青龙从我们修道院上空飞过，还碰到了圣心堂的尖顶！"

"你一定是在做梦。露卡。"夏菲嬷嬷笑着说，"从你们住的地方能看到圣心堂吗？"

"能的，不信你可以来看呀，夏菲嬷嬷。"露卡急着辩解，"尖顶被龙的翅膀划到啦，还掉了几块瓦片！"

"如果圣心堂掉瓦片，我这儿一定能感觉到。可是今天早晨什么事情都没有发生呀。你呀，别胡闹了，小露卡。今天是什么日子？不如我们一起去小教堂背诵教典吧。"

"啊？"露卡震惊的样子仿佛呈现在眼前。我轻轻带上了门，希望没被里面的人发现。

露卡只是看到了龙，就被罚背书。我梦见麻鲁美变成了龙，不是更荒谬百倍？麻鲁美是个龙迷，这个梦要是对她讲了，我又要编故事。看来，只好烂在肚子里了。我轻手轻脚地离开了。

有时候，我真希望兰斯神父说的不对。世上是有神秘的，有龙，有魔法，就像日升月落一样寻常，那该多么有趣啊。可是，我已经十三岁了，是一个大男孩儿，是露卡、雷安、麻鲁美他们的哥哥。夏菲嬷嬷说，做哥哥就要有个做哥哥的样子，我不能像他们一样沉浸在小孩子的幻想里。

中午的时候，我见到了麻鲁美。她坐在小喷泉的大理石台上晒太阳，阳光把她的发丝染成了金色，像蒲公英一样可爱。我在她身旁坐下，感觉到一股宁静从她身上散发出来。

我还是忍不住说："麻鲁美，露卡说她早晨看到了龙哦。"

"龙！"麻鲁美像被针扎了屁股一样跳起来，双眼闪闪发亮。

眨眼间，麻鲁美跳下了石台，一溜烟儿地跑向了广场。

"你去哪儿？"我在她身后喊。

"找露卡！"

唉！我有点后悔多嘴跟她说了这件事。

下午轮到雷安、露卡、麻鲁美和我打扫忏悔室，本来该带队的雅尼嬷嬷，又不知跑到了什么地方——雅尼嬷嬷是个比路痴更进一步的迷路狂，只好由我负责主管，可麻鲁美他们聊得热火朝天的，话题当然就是露卡早晨看到的青龙。所有的活儿只能我一个人做，谁让我是他们的哥哥呢？

兰斯神父的忏悔室和别的忏悔室有所不同，留给外面的是一扇寒酸的小窗子，生锈的窗栏，脏兮兮的布帘，加上一道破旧的布屏

MOTTO | 11

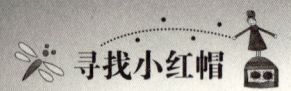

风。屏风后面可就截然不同啦，宽大排场的休息室犹如大厅，一张弹性十足的圆床也是生活必需品。在我辛苦地擦着茶几上玻璃器皿上的灰尘时，小露卡则讲得唾沫横飞，把雷安和麻鲁美听得一愣一愣的。

"肯定是一只年轻的龙！身上的鳞片非常漂亮，就像麻鲁美姐姐的龙鳞一样。如果是老龙的话，鳞片早就生锈了呢，就不会闪光啦。"

"喔！原来如此！"雷安和麻鲁美恍然大悟。

我撇撇嘴！可惜他们没空来看我脸上的表情。还生锈呢！赶紧来擦擦兰斯神父生锈的床脚吧！

他们唧唧喳喳地说个不停，甚至在晚饭时间，兰斯神父说"感谢主赐予我们食物"的时候，露卡还在讲青龙的事。

事情没过多久，我就遇到了一只小魔怪。说来奇怪，伴随着小魔怪的动作，整个森林仿佛发生了一阵战栗。一团发亮的光晕从溪水的上游流下来，将整条小溪点亮，将它变成一条发光的长带。

小魔怪就站在那光带前，举起了手里的龙鳞，高高举过头顶。它全身呈石灰岩似的灰色，面貌却是一个活脱脱的矮人。这家伙，真的就是神父房间里的雕像。而它也真的就是一个魔怪。

"你们抓住了麻鲁美？"

小魔怪连连摇头，叽叽咕咕地说了一大堆，我一句也听不懂。但它的表情显然是在否认，还在做很复杂的解释。最后，它把龙鳞举向我，用另一只小手指个不停，牙齿都龇出来了。真丑！

"你要带我去找麻鲁美，对吗？"我急切地问道。

它疯狂地点头，然后看了看背后的溪流，面有难色。我知道，它想我带它过去。

我的立场一下子变得很矛盾，我不知道该不该信任这个魔怪，靠近它会不会有危险，也许我应该等夏菲嬷嬷过来主持大局。可是，我最不愿意承担的后果，就是失去麻鲁美，失去我可爱的妹妹。我咬咬嘴唇，走向了魔怪。我先拿走了它手里的龙鳞，放进睡衣口袋里，然后，双手像抓鱼似的把它托了起来，摆在正前方。它向我点点头，表示赞同，然后指向溪对岸。

溪中间有几块固定的石头，我带着小魔怪跳过去，这时我才发现，原来发光的并不是溪水，而是在对岸树林中的某个东西。不管它究竟是什么，一定是很大很大的，因为它发出的光像明亮的幕布一样，将眼前的整个森林、夜空都照亮了。我把小魔怪放下，此时我也用不着它指路了，好奇心可以告诉我该怎么走。小魔怪反而跟在了我身后。

又走了几分钟，绕过一大片像栅栏一样彼此纠缠的树木，我又回到了前几天给麻鲁美举行生日会的空地。眼前一片明亮，仿佛宇宙正从一个蛋里诞生。它就站在那儿，静静地望着我，当它意识到我也在看它时，它羞涩地低下了头，姿态像一只鹤在梳理美丽的羽毛。

它是一条银白色的巨龙，美得无法用人类苍白的语言来描述。它静静地站在空地中央，仿佛在应和着黑夜与月光的美丽。它身上带那种我所熟知的宁静气息，即使我闭上双眼，塞住耳朵，屏住呼吸，我也能清楚地知道它是谁。

我最亲爱的妹妹，玫瑰一样美丽的麻鲁美，原来你就是龙！嘿嘿，你一直在等待我发现你的秘密吗，我亲爱的麻鲁美，可笑我还一

12 | MOTTO

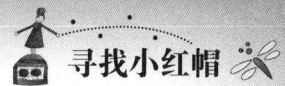

直想让你接受没有神秘的这个现实。

瞬息间,无数个回忆画面在我脑海里一闪而过。雷安看到的只是龙的倒影,露卡看到的龙更接近于它的本色,而露卡看到的龙,是青色的。那是银龙映着天光的青白色呀!而夏菲嬷嬷送给麻鲁美的龙鳞,其实就是麻鲁美自己的鳞片。她成年了,有权选择让大家知道她的秘密。夏菲嬷嬷只是告诉她自己的权利而已,至于兰斯神父……兰斯神父,是一个彻头彻尾的骗子!就是这样!

一阵奇怪的轰鸣声从头顶传来。抬头一看,夜空中露出一个大洞,光像喷泉似的从里面喷泻而出,最后吐出了一个金色的大马车,拉车的不是马,而是一对洁白的独角兽。兰斯神父坐在车厢里,面带着促狭的笑容看着我:

"瞧,我说什么来着,你就是不肯听。世上没有神秘,有的只是情愿被蒙蔽的双眼。"

"神父,你这个大坏蛋!"我抓起一块土块丢向他。我装出一副怒容,但我真的很高兴!原来,我们一直生活在神话当中……

"麻鲁美,今天才应该是你真正的生日。生日快乐,我的孩子!"兰斯神父对着麻鲁美伸出胳膊。

银色的龙高仰起头颅,大声鸣叫。虽然我听不懂龙语,但是我能感觉到她心里的欢愉。就像一首快乐的歌儿,它不张扬,只因为它纯粹,就像我对我可爱的小妹妹麻鲁美的爱一样。

(摘编自《今古传奇》(奇幻版)2011年第2期,韩兵图)

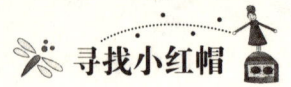 寻找小红帽

织梦师的神秘花园

织梦师唯一的使命,就是用文字给万物编织梦境,修建起一座神秘的梦幻花园。在那里,寂寞的树木终于拥有了风的梦呓;小花朵们谈论着云雀和知更鸟的笑语;孩子们在蝴蝶色的乐园里快乐嬉戏;而活在黑夜中的盲童也终于看到了高高的蓝天。诞生在梦之国的织梦师,一直没停止过向世界描述:在那个万物初生的拂晓,光芒曾向他倾诉过的,世界最初的梦想。

那棵会说话的甜橙树
[巴西] 若泽·德瓦斯康塞洛斯
《我亲爱的甜橙树》

泽泽,你又躲起来了?我知道,生活对每个人都不容易,对你也是。爸爸没有了工作,妈妈每天都很辛苦,姐姐和哥哥为了生计不得不去打工。没有人来关心自己,而心里的小恶魔却一再作祟,总是指使自己干"坏事",结果招致一顿又一顿的打骂。其实,那些恶作剧只是一个孩子的幼稚行为,想博取大人的关注罢了。我知道,每当你受罚或悲伤时,都会去和那棵"会说话的甜橙树"聊天,跟他分享所有的秘密,跟他一起活在幻想的世界里——

"你不会气很久的,泽泽。最后你会发现我是对的。"葛萝莉亚微笑着走开。

我用一根小木棒挖着地面,渐渐止住了啜泣。有个声音在说话,我不知道声音是从哪儿来的,但是很靠近我的心房。

"我认为你姐姐是对的。"

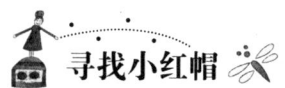

"每个人都是对的，只有我永远是错的。"

"不是这样的。仔细看看我，你就知道了。"

我站起来，害怕地看着那棵小树。真奇怪。我可以和任何一样东西聊天，但我以为刚刚是脑袋里的小鸟在回答我。

"你真的会说话吗？"

"你没听到吗？"他轻轻地笑了。

很快，你又遇到了"这个世界上你最喜欢的人"——葡仔。他曾经是你的"敌人"，因为你淘气扒车，所以他狠狠揍了你的屁股；但你弄伤了脚之后，也是他把你抱进了诊所。

葡萄牙人用力抓着我，好像要分担我的疼痛。他用他的手绢替我擦去头发上和脸上的汗水。"你是个勇敢的小男子汉，小家伙。"我忍着痛笑了，可是，就在疼痛中，我发现了一件重要的事：现在，葡萄牙人已成了这个世界上我最喜欢的人了。

葡仔取代了你的小甜橙树，成为你最想念的倾诉对象。你开始发现，现实生活中其实也能感受到温柔与爱，你因此变得"对一切都温柔"。但就在你满怀希望时，坏消息突然来临了——先是因为修路而要砍掉小甜橙树，接着世界上对你最好的葡仔突遇车祸。泽泽，你必需了解告别、了解死亡了。来，和杰西一块，去见小河男孩吧——

🜔 走向那条人生的河流
[英] 蒂姆·鲍勒《小河男孩》

看到了吗？那个小女孩就是杰西，她是陪患重病的爷爷来乡下度过最后的时光的。杰西在花园旁的河流中嬉戏时，一直都感觉有人在旁边看着她，她说这绝不是幻觉。那是个穿着黑裤子的小男孩，杰西把他称为"小河男孩"，跟杰西的爷爷渴望在人生的最后时光中完成的那幅画同名。小河男孩总是在凌晨或夜晚才出来，而且只有杰西一个人能看到、听到和感受到。杰西告诉小河男孩，爷爷快要死了，谁也没法救他，但他还有一幅画没完成，那是他未了的心愿。小河男孩告诉她："你来完成那幅画，你来当他的双手。"杰西听从了小河男孩的指引，用自己最大的努力帮爷爷完成了画作《小河男孩》，而且那时她也真正看懂了这幅画，她对爷爷深厚的爱和承受爷爷死亡的痛苦，顿时都化作了对爷爷迸发出的生命的力量的接纳。

杰西盯着那幅画，心中想着它与爷爷以前的作品是如此不同。画中那条河流主宰了整个画面，这是一条她不认得的河，甚至可能根本就没这条河，只是爷爷想象出来的。整幅画的布局怪异且全无章法，与他以前的作品大不相同，却透着一种诡异的美。河岸是淡得几乎看不出来的绿，没入淡淡的河水中，并蜿蜒流向远方地平线后的海洋。画中没有鸟，没有兽，更没有人迹，因为画中似乎没地方可以让生物容纳，但看起来又是那么自然。不知为何，这幅画令她联想起酷暑后即将来临的秋天。

妈妈又开口说道："这幅画还有名字呢。"她说话时的轻松语气显露出她内心的兴奋。杰西明白其中的道理。因为爷爷从来不为他的画命名。他只管画，任由他人试着去弄懂其中的涵义，如果他们能懂得的话。妈妈把画翻过来，指着爷爷潦草的字迹。杰西大声念出："小河男孩。"

🜔 小猫头鹰的王者之路
[美] 凯瑟琳·拉斯基

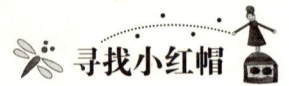

寻找小红帽

《猫头鹰王国》

泽泽和杰西，你们该学会坚强了。看到树梢上那只小谷仓猫头鹰了吗？这只名叫赛林的小家伙，刚出生没多久，本应在父母的怀抱中撒娇，并等着最激动的时刻到来——爸爸教他学飞——但他在沉睡中惨遭哥哥的"暗算"，被推出了温暖的窝，并被邪恶的猫头鹰掳到圣灵枭猫头鹰孤儿院，且在那里目睹了一些极其可怕和残忍的事。他意识到这股邪恶的力量即将打破猫头鹰王国的安宁，于是凭借着勇敢、机智和坚持不懈的努力，和新朋友吉菲在老猫头鹰林伯的帮助下逃了出来。于是，一段神奇的旅程就此开始了。一路上，赛林和朋友们一起找寻真理，与不可想象的危险战斗，逐渐练就了冷静、果敢等优秀品质，最终成长为猫头鹰王国的领袖——

赛林和另外三只猫头鹰在狂风中飞翔。他们已飞了好几个小时，在过去的几分钟里，黑暗似乎开始一点点融化，他们正从漆黑的暗夜过渡到清晨的第一道曙光。在他们下面，一条河流像乌黑的丝带在大地上飘曳。

"虽然天快要亮了，我们还是继续飞吧。"灰灰说道，他是一只大个子的大灰猫头鹰，飞在赛林的下风处，"越来越近了。我能够感觉得到。"

他们正飞往瑚尔海——海的中央有一座岛，岛上有一棵树，叫做珈瑚巨树，树上有一群猫头鹰。据说，这些猫头鹰每晚都会飞入夜空，扬善锄恶。全世界的猫头鹰都迫切需要这样的善行，因为许多猫头鹰王国都快要被一种可怕的恶势力摧毁。

一想起大海里那座传说中的岛屿，四只小猫头鹰就精神振奋，在肆虐的狂风中更加用力地扇动着翅膀。

抵挡不了的野性呼唤

[英] 艾琳·亨特

《猫武士1：呼唤野性》

还有那只宠物猫拉斯特，你们以前在花园里见过的。机缘巧合之下，这只猫咪知道了一个秘密，在主人的花园外面，在幽静的森林深处，竟然存在着雷、风、影、河四个由野猫组成的族群，他们秉承武士祖先的遗训，共同统治森林，为了生存而彼此竞争。对自由野性生活的向往，让拉斯特毅然放弃了安逸的圈养生活，他开始独自去丛林冒险，并成了雷族的学徒，开始过着辛劳无比却常常食不果腹的原始狩猎生活。他从低级的学徒做起，经过捕猎、格斗训练，在险象环生的丛林世界里出生入死，救死扶伤，忠于族群，严格遵循猫族武士法典，一步步升级为猫族武士、族长代表、族长，最终不负使命挽救了整个丛林四大猫族的命运。

蓝星走上前，从长尾那儿接过项圈，放在面前说道："我们的新成员在捍卫尊严之战中丢弃了两腿动物给他装上的项圈。星族曾对他的到来表示过赞同——这只猫已经不再受他两腿动物主人的控制，他自由了，他是雷族的学徒。"

拉斯特看着蓝星，郑重其事地点头表示领受。他站起身来，走到一束阳光下，很惬意地享受着阳光为他酸痛的肌肉带来的温暖。光芒照亮了他姜黄色的毛，就像一团熊熊燃烧的火焰。拉斯特看到自己已经被群猫围住，自豪地扬起了头。此时，再也没有任何争议和嘲笑，他已经向大家展示了自己是一个不能被忽视的对手。

（杜肖牧图）

寻找小红帽

俄罗斯黑发少女

◎ 陆 毅

　　《血色童心》这部戏，讲的是二战时期，在莫斯科学习的一群中国孩子遭受纳粹非人性的伤害的故事。片中需要的小演员，除了我们几个主角外，大部分都是莫斯科当地的孩子。

　　片子开拍时是夏天，那天副导演李宗伦带了十几个俄罗斯孩子来到现场。一个个金发碧眼的，长得像洋娃娃一样，一下子就吸引住了现场每一个人的目光。我自然也不例外，站在导演的后面，伸长了脖子，好奇地向那边张望。我的目光最后落在了一个有着一头黑黑的长发的女孩子身上——她看上去大概十五六岁的样子，个子挺高，大概有一米七左右，五官精巧，皮肤白皙，浓浓的睫毛下有一双褐色的大眼睛。正在我傻傻地看着她的时候，她突然一抬头，目光与我碰个正着，我突然感到脸一下子热了起来，急忙转过头去。

　　"陆毅，你脸怎么红啦？"我身后的美工笑着说。

　　"天，天太热啦！"长这么大，第一次为一个女孩子脸红，这让我自己都觉得有些

MOTTO | 17

寻找小红帽

诧异。那天晚上，我没能像往常那样早早入睡，总觉得有一双眼睛在看着我。我对自己说：陆毅你是不是出问题了？不就是被她看了一眼吗？真没出息！然后开始在心里数数。

戏按部就班地拍着。很快，大家就玩开了。她告诉我，她叫卡列尼娜。我说，那不是和托尔斯泰的名著《安娜·卡列尼娜》同名吗？她一听，特别高兴。出国前，尽管剧组让我们进行了一个月的俄语培训，但那也只是一些简单的俄语对话，所以我和她的交流基本上是相互打着手势，夹着单词来表达的，不过我发现她很聪明，很快我们发明了一种交流方式：用眼睛说话。

卡列尼娜有一双会说话的大眼睛，当她想表达不同的情绪时，就会用不同的眼神来看我，快乐的、高兴的、羞涩的、伤感的、委屈的……

秋天时，我们会在拍戏的空隙，一起去桦树林散步。她常常会一路唱着歌，像只快乐的小鸟。有时，我们会在树林里玩捉迷藏，谁被捉到了就要表演。当然被捉到的多数是她，所以，常常是我坐在落满金色树叶的林子里，欣赏着她的舞蹈，听着她银铃般的声音……

那是一段懵懂的日子，也是我在俄罗斯最美的一段日子。每天，我都期待着那一头黑黑的长发出现；每天，都想知道那双大眼睛会对我说些什么。

不久，俄罗斯小演员的戏就全拍完了。结束那天，卡列尼娜特别安静。中午时，她拉着我的手到了我们常去的桦树林，让我坐下，然后她对我说：再看我跳一次舞吧。

那天，她一边哼着节奏，一边舞起来。那是秋天灿烂的午后，阳光透过高大的桦树叶落在她身上，她穿着一件白色带花边的连衣裙，阳光下，就像一朵盛开的白莲花，她乌黑的长发长长地飘在身后，像黑色的瀑布。她就这么哼唱着，旋转着，我看到有一串泪珠落在了她的脸颊上……我突然觉得心里特别难受，起身抓着她的手就往回跑。

整个下午，我们都没说任何话，我第一次感受到，当离别近在咫尺时，语言反而是那么无力。后来进上戏后，读了肖洛霍夫的《静静的顿河》，我才真正地明白了那天的卡列尼娜。但是，那一天，那个下午，我是恍惚的，我记得自己傻傻地对她说：别难过，我们还会见面的。那口气，活像小时候看的电影中的英雄人物。

在卡列尼娜幽怨的眼神中，我貌似坚强地与她告别。当时，我并没有意识到，那会是我们最后一次见面。

回国后，我从没跟人提起过她，她变成了一个秘密，存在了我的心里。很长很长一段时间，我没对任何一个女孩子动心过，直到我遇见现在的"她"。

我相信，人的一生中，有许多事都是冥冥中注定的，就像我注定会遇上"她"……

（摘自《沉默的想象》，作家出版社，胆子小图）

 寻找小红帽

从很小的时候起我就知道我的白马王子总有一天会来到。

我常常想象着他骑在雪白的骏马上奔驰而来,把我拥上马背,带往他的城堡。当然,在年岁长大后,我就抛弃这种神话故事般的想法了。但是我知道这世界上的某个地方是有着一个特别亲密的人在寻找我,就像我正在寻找着他一样。这事必定会发生,这是命中注定的。

我从不多谈我的梦想,除了对母亲以外。哦,我也曾和一些傻孩子有过几次约会,那只是为了消磨时光,等待那位特别亲密的人来到。

在我17岁那年,他来到了。他叫铁德·贝宁顿,是个新来的邻居小伙子。

有几件事使我逐渐认识了铁德。

妈妈给了我一个挂在项链上存放纪念物的小金盒作为生日礼物。我打开包之后,感到很惊奇。

金盒并不是新的,这是她珍藏多年的东西,我曾经见到过。事实上,每次我打开妈妈的首饰箱要找一副耳环或是一个手镯借用的时候,总是见到这个小盒子和爸爸送给妈妈的几件东西一起放在专门的位置。

在那首饰箱里有着一个浪漫史的全部故事——父亲的竞赛奖章,他参加的俱乐部的饰

命中注定

◎ [美] 劳埃斯·邓肯 魏力行 译

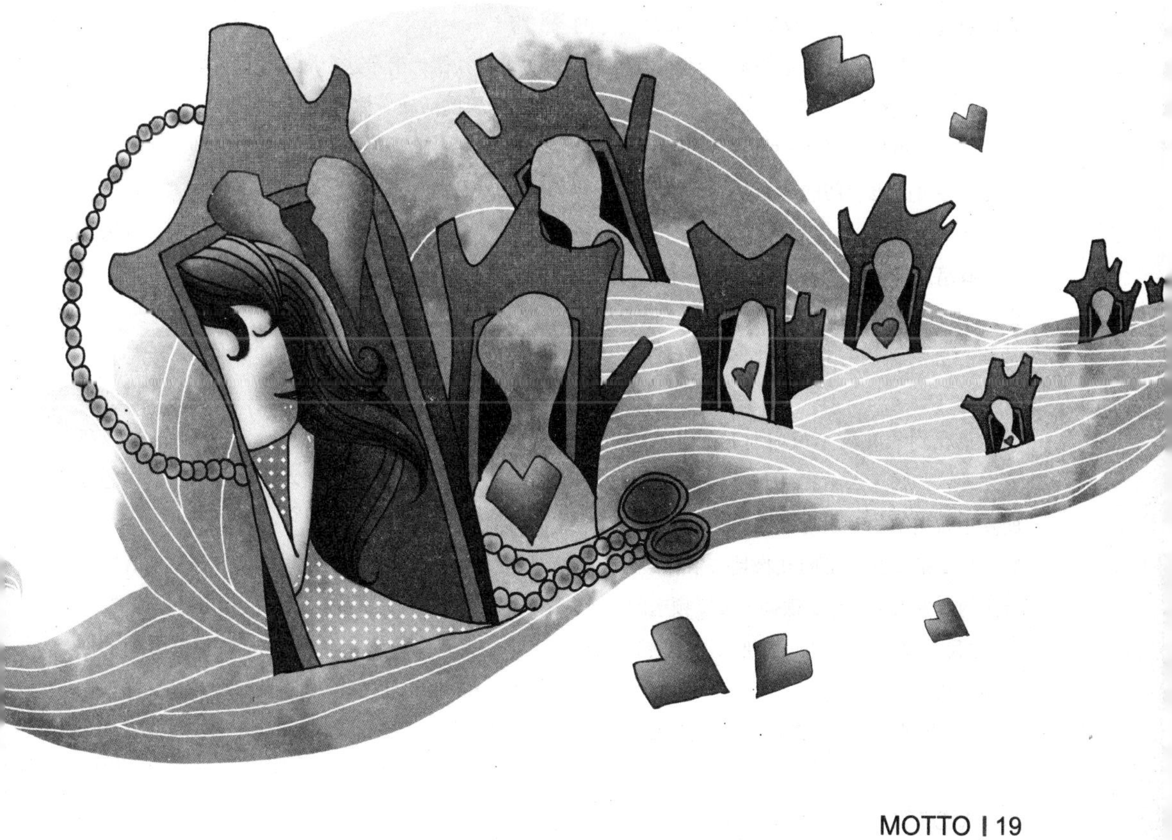

寻找小红帽

针，一些馈赠的别针以及他当年在海军服役时所佩带的军衔标志。

"不过，妈妈，"我说，"你真的要把这个给我吗？这是属于你的呀。"

"当然是给你的，"妈妈说，"它确实是我所珍爱的。不过我一直在说，到我女儿17岁时，这就应该归她。"她的目光中有一种我猜不透的恍惚神色。

"但是为什么非要到17岁呢？"我问，"这不一定是人生中的重要转折点呀。"

"对我来说是转折点，"妈妈说，"那是令人伤心的年龄。"

我不相信地望着她。"你的心从来没有伤过嘛。"我说。

不可能想象有着热情的灰色眼睛和温和笑容的父亲会在什么时候伤过任何人的心，更不必说伤过妈妈的心了。父亲和母亲有过美好的结合，他们在一起总是很快乐。但是父亲在两年前去世了。

"唉，是的，是伤心过的，"妈妈轻声说，"你的心可能也会伤。亲爱的，事情往往会是那样。"

我暗自好笑。我不太理解妈妈刚才说些什么。不过我确实喜爱那个小盒子。它很小巧，是鸡心形的，用一根细的金链吊着，很是可爱。

我收到的礼物不仅只是这个小金盒。除此之外，妈妈还送给我一套晚礼服。我最好的朋友南希送给我一双玫瑰色的便鞋来配这套晚装。但是最使我兴奋的礼物是一条朴素的镶了金边的蓝色头巾，它是铁德·贝宁顿送的。

"我希望你喜欢它，"他说，"我不太懂得挑选礼物。"

"我很喜欢，"我说，"它真是非常漂亮！"

我喜爱那件礼物，但我更喜欢铁德本人。我喜欢他那金黄色的卷曲头发垂在前额上的样子，喜爱他那诚实的蓝眼睛和好看的方下巴，我喜爱他的腼腆和认真。他同我们高年级里那些圆滑的自称"万事通"的大不相同。

我还没有与人约会去参加校友舞会，我正在物色一个人选把我带去。选择的余地并不太多：朗尼·勃赖斯体重三百磅；司蒂芬·萨勒诺和我合不来；斯坦利·庇亚斯讲话时唾沫纷飞……剩下的就只有铁德了。

我想，铁德·贝宁顿也许还不懂校友舞会，不过我要他把我带去参加。

于是我就着手安排。一有机会我就朝他微笑，同他说话。每天下课，我总是在他出来时凑巧站在门口。这样过了一两个星期，接着就跨上一大步。

"铁德，南希这个周末要举行舞会，这是个女邀男的活动。你愿意去吗？"

"去？你是说同你一起去？"他问。

"是的，铁德。"我说。

"怎么——怎么，那一定的，谢谢，我很愿意去。"他说。

他显得那么高兴，我不知道他整个一生中是否曾带过女孩儿到什么地方去过。于是我开始猜想我已做了错事：大伙儿会不会喜欢他？

但是现在要缩回来当然为时已晚，所以我就任其自然发展。星期六晚上八点整，铁德准时到达我家。

他给母亲一个很好的印象。他整洁有礼，从母亲的接待方式中，我看出她是喜欢他的。

我们步行到南希家，这是一次美妙的散步。在晚会上铁德跳舞，参与游戏，又同人们交谈。

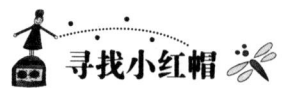 寻找小红帽

甚至连南希也感到惊奇了。

"你知道,"在她和我一同出去到厨房准备些饮料的时候,她说,"那位铁德·贝宁顿——确实是个好小伙子。"

晚会后我们在回家的路上,他问我毕业后要干什么。我告诉他我将进秘书专科学校。他告诉我他正计划去图兰恩学院学医学。我了解到他有三个姐妹,他的妈妈跟我妈一样是个寡妇,也了解到他喜欢弹吉他。过了一会儿,我俩的手多多少少碰到一块儿了。

后来的路上我们没有多讲话,只是在月光下手拉着手走着。

到这时,我知道铁德正是我曾梦想过的那个特别亲密的人。在我们一起散步中,在秋天红色和金色的树叶衬映蓝色天空时,我们穿越迎风呼啸的森林长途远足;在与大伙儿一起的野餐中,这个特别亲密的人在成长着。有时铁德在野餐时带来吉他,我们就一起唱歌。

到这时,我们几乎所有的时间都厮磨在一起了。我以前对任何男孩子从来没有这样的感觉。

铁德说:"你和我在一起相处得这样好,看来这是我们的缘分吧。"

"你是说,"我说——而其实我并不知道该怎么说——"你是说这好像是命运中注定了的吗?"

铁德沉默了一会儿,然后说道:"是的,我的意思正是这样。"

在毕业班举行舞会的夜晚,我穿上新的玫瑰色的晚礼服和玫瑰色的便鞋,戴上妈妈给我的那个挂在项链上的小金盒。

"很好,"他评论说,"这是件传家宝吗?"

"可以这样说,"我说,"父亲把它给了母亲,母亲又把它给了我。"

"它可以打开吗?"他问。

"我不知道。"我说。

"让我看看。"他伸过手来,把小盒拿到手中,一下子就把它打开了。一小绺头发掉了出来。

"原来如此,"他笑着说,"我本来还不知道你父亲的头发是红色的。"

"我猜想他年轻时一定是的。把它放回去,铁德。"

铁德照着做了,把小金盒轻轻合上。

我每天早上起身,像往常一样吃早餐。但每时每刻都在想着:"我今天要看到他——两小时之后——一小时后——十分钟后——现在他在这儿了!"

然后有一天,铁德得了个好消息:他已取得了图兰恩的奖学金。"贝宁顿医生,这称呼你听来觉得怎么样?"他问我。

"美极了!"我说,"不过我会看不见你的。"

"我也会看不见你的,"他说,"但愿你和我一起去图兰恩,那该有多好!"

"不用担心,"我说,"我就在这儿等你。也许在你毕业之前我能在那个学院找到一份工作。"

"那太美了,不过我怕。"他说。

"怕什么?"我问。

"喏,一切都是这样美满,我怕我会失去你。"

"你用不着担心,"我对他说,"你不会失去命中注定了的爱情。"

但是我错了。

铁德离开这儿上学去了。起先我们互相通信写得很勤,后来,随着时间的过去,信写得

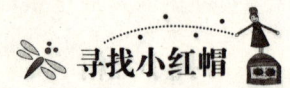

越来越少了，而这就是结局的开始。他在感恩节不能回家来；到圣诞节他回家时，我却在出麻疹。

直到第二年春假，我们才有机会见面。铁德还是像以前那样的好，讨人喜欢和令人钦羡，但不知什么原因，他看来有点不同了。在回学校去的时候，他说：

"不要忘记我。"

"当然不会。"我说。

事情发展的结果，恰恰是铁德另外找到了对象。她是图兰恩的一个女学生。铁德写信给我谈起了她。他说他很抱歉，同时说他知道我会理解的。

那封信来的当天正下着雨。我在起居室看了信，再把它给妈妈看，然后上楼回到自己的房间。

我躺在床上，听着淅沥的雨声。我不恨铁德，可是我不能相信所发生的事情。即使那个女孩儿，我也没有恨她。我不能相信的是：他如今已经走了，他永远不会再回来了，永远不会了！

我还躺在那里，母亲走了进来。她还没开口，我就知道她要说的是什么。

"还有别的小伙子，"她说，"也许你现在不相信，但以后是会有的。"

"我估计以后会有，"我说，"但铁德毕竟是我理想的那个人啊。我再也不会恋爱了！"

母亲沉默了一会儿，然后说：

"我给你的那个项链上的小金盒还在吗？"

"小金盒？当然还在。它在梳妆台的第一个抽屉里。"

母亲拿到了那个小盒。

"把它戴上吧。"她说。

我坐起身，把垂着小金盒的项链套上脖子。

"你看，"她说，"这小金盒是一个特别亲密的人——就是那个人——给我的，在我们订婚的时候。"

于是我钟爱地握住小金盒回忆起爸爸来。他和妈妈曾经有过多么幸福的生活啊。

"你看，"她说，"他心很好。讨人喜欢，也令人钦佩。我曾确信他就是命中注定的我的人了。"接着她又缓慢地说，"他在我们订婚后三星期的一次火车失事中死去了。"

"他怎么！"我惊叫起来，"可我以为——你是说你在父亲之前爱过别人——另外一个你认为是特别亲密的人儿？"

"是的，就是这样。要是我和他结了婚，我肯定会非常幸福的。但结果是三年之后我同你父亲结婚了。我们彼此相爱，而我同他也非常幸福。"

"我不理解。"我说。

母亲于是回答说："亲爱的，我想告诉你的就是：没有一个特别的人独个儿能使我们幸福。世界上有许许多多好人。铁德是其中的一个。不过他来得太早了些。"

我几乎哭出声来，因为我想起我正在失去童年的梦想。

母亲这时柔声地说："这些日子里，在恰当的时候会有一个终于出现的——他会是你命中注定的那个人儿。"

她走了出去，轻轻把门关上，留下我单独一人，听着雨声。

我望着母亲刚才出去时关上的门，心里想到了另一扇门，就是那扇她刚才打开了的希望之门。

（摘自《假如我们原谅上帝》，中国社会科学出版社，猪茜熙图）

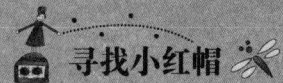

寻找小红帽

光影年华是有效信

在光影的世界里，女生们的亲情、友情、爱情永远以无瑕而美丽的姿态生根在青春的土壤上，迎风摇曳她们美好的叶瓣。光线勾着记忆的另一头，留出个薄薄的浅色轮廓。外头的知了声从周围余下的空白里模糊地漏进来。如果声音不记得，那是不是青春年少在和我们捕风捉影呢？

光影女郎：
《食客2：泡菜战争》章恩

前世辅音：《食客》这部漫画在日本集结成单行本发行时，达到了54万册的惊人销量，随后在网络公开的漫画《食客》每回的点击数也达到了20万次。

今生主调：盛灿得知老店春阳阁将要关闭的消息。原因是在国外旅居多年，享有国际级主厨名号的顺香的女儿章恩即将回国，她极力主张母亲关掉陈年老店。为了说服章恩打消关闭春阳阁的念头，盛灿决心参加泡菜大战与章恩正面对决。两个料理天才的战争，谁是最后的胜利者？

遗文化：据《朝鲜日报》网站报道，韩国计划明年申请"泡菜和泡菜文化"列入联合国教科文组织人类非物质文化遗产。据报道，在当天的会议上，拌饭、年糕汤、供桌也被列为候选。

光影女郎：
《小红帽》瓦莱丽

前世辅音：《小红帽》的故事版本多达一百多个。后来，在格林兄弟笔下，勇敢的猎人杀死大野狼，救出了小红帽。

今生主调：美丽的少女瓦莱丽已到成婚之年，家人把她许配给了村子里的富人亨利，然而瓦莱丽真心爱着的却是与自己青梅竹马的樵夫彼得。为了追求真爱，瓦莱丽和彼得决定私奔。然而正当他们计划逃走之时，狼人出现并杀死了瓦莱丽的妹妹。村民们长久的积怨终于在这一刻爆发，他们决定要铲除威胁村民的狼人。

酷搜索：2004年兰德尔·克莱泽执导的电影《摩登小红帽》，是一部很搞笑的片子。其中的说唱部分类似于《新白娘子传奇》，其余部分类似于搞笑电影《人猿泰山》，充满了幻想与幽默。

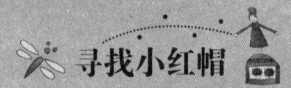
寻找小红帽

光影女郎：
《城市猎人》金娜娜

前世辅音：《城市猎人》原作为1983年日本著名漫画家北条司本人的短篇作品《城市猎人XYZ》。在此后二十几年内，已经诞生读卖电视台改编的同名动画，香港改编的电影《孟波》，成龙著名电影《城市猎人》、SBS电视台电视剧《城市猎人》等改编作品。

今生主调：全剧讲述李民浩扮演的男主人公、麻省理工学院博士出身的青瓦台国家地图信息办公室工作人员李润成帮助人们化解各种困难和危机的故事。朴敏英在该剧中将饰演因交通意外失去父母后凭借自己的努力成为青瓦台特工的女主人公金娜娜，并将与李民浩上演一段浪漫爱情戏。

热抢镜：韩国新生代人气男星李民浩被选定为SBS新剧《城市猎人》的男主角。为了提高命中率，在接受了一段时间的刻苦训练后，李民浩在泰国的实地拍摄中已经能自由使用短枪和长枪了，由此在广大观众面前展示出如运动员般娴熟的射击模样。

光影女郎：
《白雪公主与猎人》白雪公主

前世辅音：由19世纪德国民间文学研究者格林兄弟编写的童话《白雪公主》，迪斯尼于20世纪初便推出了动画长片版本，这也是历史上第一个动画长片。

今生主调：电影《白雪公主与猎人》三部曲，将和《指环王：护戒使者》风格类似。白雪公主和我们以前看到的对着小鸟唱歌的白雪公主大不一样，虽然她原本也很天真，但在被后妈皇后篡权并软禁11年后，她逃了出来，在森林里跟着猎人学习如何成为一名战士。猎人原本是皇后的雇佣军，后来反而和白雪公主成了一对非凡盟友，帮助她逃离皇后势力的追捕、夺回属于她的王国。影片的大部分时间将会聚焦于猎人和白雪公主身上，而在最后，还将会出现一位英俊的王子来赢得美丽的白雪公主的芳心。

辣看点：这部电影中"白雪公主"由《暮光之城》的克里斯汀·斯图尔特扮演，猎人由《雷神》中的克里斯·海姆斯沃斯饰演，恶毒的皇后则由奥斯卡影后查理兹·塞隆饰演。

24 | MOTTO

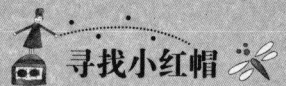 寻找小红帽

光影女郎：
《月亮坪的秘密》玛利亚

前世辅音：英国作家伊丽莎白·古吉的许多作品受到各个年龄读者的广泛欢迎。《古堡里的月亮公主》（原名《小白马》）被公认是一部优秀儿童文学作品，于1946年荣获"卡耐基奖"。本书还曾被英国BBC广播公司改编为电视连续剧《月亮坪》。

今生主调：13岁的孤女玛利亚来到银露村月亮坪庄园。美丽的庭园里到处是修剪成奇异的公鸡和骑士形状的红豆杉树，一条大得吓人、怎么看都不像狗的大狗郎尔夫，一只聪明神奇、会用爪子画画传递消息的黑猫扎卡拉，一片神秘莫测的黑松树林，一匹亦真亦幻的小白马，还有一段流传了几百年的关于月亮公主和小白马的神秘往事。

优推荐：《古堡里的月亮公主》曾得到《哈利·波特》作者J.K.罗琳女士的大力推荐，她称这部小说"故事情节一流""有些章节既吓人又浪漫""主人公也极具个性"。

光影女郎：
《Rough》二之宫亚美

前世辅音：《Rough》是日本著名漫画家安达充继《棒球英豪》一炮走红后的另一部作品，于1987年连载于小学馆《少年Sunday》杂志。"Rough"的含义，像安达充的其他很多作品名一样需要一番解释：Rough，是粗糙、粗鲁、艰苦、未完成的意思。

今生主调：高中时代，二之宫亚美加入了跳水部，大和圭介则加入了游泳部，由于总在同一个游泳池中训练，两人渐渐对彼此产生了好感。然而，亚美已有一个未婚夫——日本自由泳冠军仲西弘树，他恰好是圭介所崇拜的游泳前辈。圭介和仲西因此成了情敌，于是，各自都在以最强的游泳选手为目标努力训练。

始作者：安达充的作品构图笔调清新淡雅，人物造型纯真可爱，那一双双精灵的大眼睛和一个个修长健美的身材正是日本少男少女们理想的化身。他的画仿佛是一首首青春的叙事诗，令人着迷，惹人遐想。

公爵

◎ [日] 江国香织

　　一边走，我一边泪如泉涌。一个已经二十一岁的女孩子，还边走边哭，难免会招来他人疑惑的目光。可，我怎么也止不住我的泪水。

　　公爵死了。

　　我的公爵死了。

　　我是悲伤到了极点。

　　公爵是一条灰眼睛、奶油色的长毛狗，是一种名叫Pully的牧羊犬。它刚到我们家里来的时候，还是一头才呱呱坠地的小狗崽儿，在走廊里跑的时候，总是轻轻地伸开四条腿，用肚皮飞快地往前滑。那样子实在是太可爱了，我一遍又一遍地唤着它的名字，让它在走廊里跑（我说它那样子简直就像是拖把，大家不禁哄堂大笑起来）。蛋、冰激凌和梨，是公爵最喜欢吃的东西。或许是五月出生的缘故吧，公爵与初夏特别相配。当大地绽出一片嫩绿的时候带它去散步，给芬芳的风一吹，它身上的毛就会轻轻飘动，连眼睛都眯成了一条缝。它说发脾气就发脾气，发脾气时的侧脸酷似詹姆斯·汀。公爵喜欢音乐，我只要一弹钢琴，它就总是蹲在一边听。还有，公爵特别会接吻。

公爵是老死的。我打完工回到家里时，它的身子还是微热的，可是我把它的头搁在我的腿上抚摸它的时候，不知什么时候就变硬了，冷了下来。公爵死了。

第二天，我还必须去打工。在门口，我奇怪地用明快的声音喊了一声"我走了"，可是在关上门的一刹那，我的泪水禁不住夺眶而出了。哭啊，哭啊，边哭边往车站走，边哭边在检票口掏出了月票，边哭边到了站台上，边哭边乘上了电车。电车上还像往日一样拥挤。我不住地抽噎，那些抱着书包的女学生、还有那些穿着几乎一模一样风衣的上班族的目光，毫不掩饰地在我的脸上扫来扫去。

"请。"

一个男孩冷淡地说了一声，把座位让给了我。看样子大概也就是十八九岁左右吧，白色的T恤衫外面套了一件藏蓝色的毛衣，一个相当酷的少年。

"谢谢。"

我好不容易才用像蚊子一样的哭声谢了他一句，坐到了座位上。少年站在我的面前，目不转睛地盯着我那张哭泣的脸。一双幽深的眸子。我在少年的视线下蜷缩成了一团，不知为什么竟动弹不了了。接着，不知不觉停止了哭泣。

我下车那站，少年也下了车。我换电车，少年也换电车。我们一起一直坐到了终点站涩谷。怎么了？不要紧吧？连问也不问一句，少年只是一直侍在我的身边，在拥挤不堪的满员电车里若无其事地守护着我。渐渐地，我的心情平静下来了。

"我请你喝咖啡吧。"

下了电车，我对少年说。

十二月的大街上，走着匆匆忙忙的行人，刮着凛冽的风。虽然距离圣诞节还有两个星期，然而圣诞树和天使已举目皆是了，从大楼上也垂下了"年终大甩卖"的竖幅标语。走进咖啡店，少年朝菜单上瞥了一眼，问我：

"还没吃早饭呢，你请我吃一份煎蛋卷行不行？"

我回答说，行。他开心地笑了。

我用公用电话给打工的地方打了一个电话，说感冒了，请一天假。当我返回到桌边时，少年像是听到了，粗声粗气地说：

"这么说，你今天一天都闲着啦？"

走出咖啡店，我们往坡上走去。少年说，坡上有一个好地方。

"这里。"

寻找小红帽

他指的是一个游泳池。

"你不是在开玩笑吧,这么冷的天?"

"是温水,没事。"

"可我没带游泳衣啊。"

"买不就行了。"

不是我自谦。我不会游泳。

"可我不喜欢游泳池……"

"不会游?"

少年拿一种十分奇怪的眼神望着我,我火了,一声不吭地从钱包里掏出钱,买了门票。

除了我们这样一对疯狂的人,没有人会在十二月,而且是在一大清早跳进游泳池里!不过,也正因为如此,宽阔的游泳池被我们两个独占了。少年利落地做完准备体操,轻柔地跳进了水里。他游得像鱼一样好。池水呈现出的那人工的蓝色、漂白粉的味道,还有那波动的水声,都让我倍感思念。已经有多少年没进游泳池了?慢慢地下了水,看着身子随波漂荡起来。

蓦地,被谁猛地往前拉了一把,我像是摔倒了似的趴到了水面上,我朝前游去。简直就像是有人在拉系在我头上的一根绳子,我不停地向前游去。"唰"的一下,拉绳子的力量弱了下来,我慌乱地直起身,一看,我已经是在游泳池中央了。少年站在距我大约三米来远的前方,望着我的脸,微微地笑着。我想,游泳原来竟是这样的惬意!

少年与我,默默无语地一圈圈地游着。

"上去吧。"

当少年说这话时,墙上的挂钟已经指向正午了。

出了游泳池,我们买了冰激凌,边走边吃。游泳后的那种疲惫感也让人觉得畅快,冰激凌的甜味,甜得连舌尖都发颤了。这一带,稍稍走几步,就是幽静的住宅区,与车站四周的喧嚣简直是天壤之别。少年走在我的身边,高挑的个子、端正的面孔,让我的心禁不住怦怦直跳。晴朗的白昼下,吹来一阵冬天的气息。

我们乘地铁到了银座。这次该轮到我告诉他"一个好地方"了。顺着一条背街小巷,走十五分钟,有一座小小的美术馆。虽不惹眼,却小巧玲珑,是座别具一格的美术馆。我们先欣赏了中世纪意大利的宗教画,随后又看了古印度的工笔画。一幅一幅,看得仔细极了。

"我喜欢这幅画。"

少年说的是一幅以象及树为主题的暗绿色的工笔画。

"我有一种古印度总是初夏的感觉。"

"你好浪漫啊。"

给我这么一说,少年羞涩地笑了。

从美术馆出来，我们又去听了单口相声。正好碰巧从曲艺馆前面走过，少年说，我喜欢听单口相声，就走了进去。可一进去，我就又开始变得忧郁起来了。

公爵也喜欢单口相声。一天夜里，我醒过来下楼一看，已经关掉了的电视机又打开了，公爵独自坐在那里听着单口相声。爸爸、妈妈，还有妹妹，谁也不相信，可我确确实实看到了呀！

公爵死了，伤心的、伤心的悲痛欲绝的我，却和一个素不相识的男孩子一起喝茶、游泳、散步、去美术馆、听单口相声，我究竟是在干什么啊？

演的段子是"木匠调子"。少年不时地被逗得笑了起来，而我却连一声也笑不出来。岂止如此，我的心情还愈发沉重了。当听完单口相声，我们朝大街上走去时，悲伤又重新占据了我的心灵。

公爵不在了。

公爵死了。

大街上飘来一阵阵圣诞的歌声，浅蓝色的暮色中，霓虹灯开始闪烁放光。

"今年就要结束了。"

少年说。

"是哦。"

"明年又是新的一年。"

"是哦。"

"直到今天，我都是好开心啊。"

"是哦，我也是。"

我耷拉着脑袋说。少年轻轻地托起我的下颌：

"直到今天哟。"

他用一种依依不舍的、深深的目光凝视着我。接下来，少年吻了我。

我是那样的惊诧，不是因为他吻了我，而是他的吻太像是公爵的吻了。我呆若木鸡地站在那里，连一句话也说出来了。少年对我说：

"我也好爱你啊。"

那凄凉的笑脸，酷似詹姆斯·汀。

"我只是来对你说这句话的啊！再见，保重啊。"

说完，少年就飞快地冲上了人行过道，绿色信号灯已经在闪烁了。

我伫立在那里，久久地听着圣诞的歌声。

银座的夜，慢慢地开始了。

（摘自《与幸福的约定》，接力出版社，胆子小图）

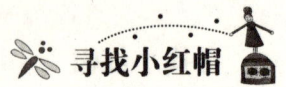

大王子

◎青闰 译

大王子、松鼠和丽贝卡又一次踏上了真理之路，这次是朝着知识城堡前进。大王子、松鼠和丽贝卡穿过护城河上的吊桥，停在金门前。

他们三个穿过门口，走进了黑暗中。那里非常黑暗，大王子连自己的手都看不见。他在城堡门边摸索着通常放在那里照路的火把，但那儿什么也没有。大王子小心摸索着向它走去，看到松鼠正指着墙上一个闪亮的碑文。碑文这样写道：

知识是你借以找到前进之路的光明。

小王子大声说："这是说。你知道得越多，这里就会变得越亮。"

"小王子，我敢打赌你是对的！"大王子大声说道。随后，一线光明悄悄地进入了房间。

正在此时，松鼠又叫大王子到它那里去。它已经发现了另一块刻在墙上的碑文，而且在闪着光亮。

你曾错把需要当成爱吗？

大王子仍然心烦意乱，咕哝道："我想我得想出答案，才能得到更多的光。"

"也许你在这里应该学到的，就是你的时间永远都不会够。"丽贝卡建议说。

大王子既没有心情接受，也不想听丽贝卡的人生观。他叹了口气，在碑文前面坐下来，又念了一遍：

你曾错把需要当成爱吗？

大王子知道他爱叶丽娅，尽管他不得不承认，在叶丽娅开始躺在酒

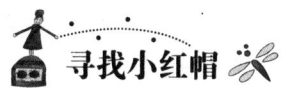

桶边、喝干桶里酒之前，他更爱叶丽娅。

小王子说："是的，你爱叶丽娅。但是，你不是也需要她吗？"

"我想是这样。"大王子承认说。他曾需要叶丽娅以风趣机智和诗情画意给他的生命增加所有的美感。他也曾需要她为他做的一些好事，比如，在他被卡在盔甲里时，常常邀请朋友们到家里来逗他开心。

他回想过去，他的生意清淡时，他们买不起新衣服、请不起女佣。叶丽娅曾为家人做漂亮的衣服穿，为大王子和他的朋友们做可口的饭吃。他把搬家的大多数事儿都留给她一个人去做，因为他常常去参加比武大赛。他想起，当她把他们的东西从一座城堡搬到另一座城堡时，她看上去是多么疲惫；当她无法越过盔甲靠近他时，她又是多么伤心。

"叶丽娅不就是从那个时候才开始躺在酒桶边的吗？"小王子声音温和地问。

大王子点点头，泪水开始涌满了眼睛。随后，他突然有了一个可怕的想法：他不想因为自己的所作所为而自责。他宁愿因叶丽娅酗酒而归咎于她。事实上，他需要叶丽娅酗酒。这样他就可以说，一切都是她的过错，包括他被困在盔甲里。

当大王子意识到他曾多么不公平地利用叶丽娅时，他禁不住泪流满面。是的，他需要她胜于爱她。他多么希望自己能多爱她一点、少需要她

一点。但是，他不知该怎么做。

一个想法闪过了大王子的脑海：他之所以需要叶丽娅的爱，是因为他不爱自己！事实上，他曾需要所有被他从龙爪下救出的少女的爱，也需要所有他为之而战的人们的爱，因为他不爱自己。

大王子哭得越来越厉害，因为他认识到，如果他不爱自己，他就不能真正爱别人。他对别人的需要会变成障碍。

当大王子承认这一点时，一道美丽的亮光照耀在他的四周，那里曾是一片黑暗。一只温柔的手放在他的肩上。他泪眼模糊地抬起头，看到小王子正低头朝他微笑着。

"你已经发现了一个伟大的真理，"小王子告诉大王子。"你爱自己多少，才能爱别人多少。"

"我要怎么开始爱自己？"大王子问。

"了解自己知道什么，你就总是做什么。"小王子说。

"我知道自己是一个傻瓜。"大王子哽咽道。

"不，你知道真理，真理就是爱。"

这让大王子感到舒心，他止住了哭声。等眼泪干时，他注意到了周围的那道光。这不像他以前看过的任何光。好像没有光源，却又无处不在。

小王子重复大王子的想法。"什么东西也没有自知之光漂亮。"

大王子瞅了瞅四周的光，然后又瞧了瞧前面的昏暗。"这个城堡对你来说没有任何黑暗，对吗？"

"对，"小王子回答说。"不再黑暗了。"

大王子受到鼓舞，站起身，准备向前走。他感谢小王子还没等他呼唤就已出现。

"不用谢，"小王子说。"一个人不一定知道什么时候求救。"这样说着，他就突然不见了。

大王子开始向前走，丽贝卡飞出了前面的黑暗。

（摘自《英语广场·美文》2011年第6期，冰儿萧萧图）

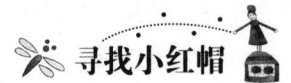 寻找小红帽

我从小最大的苦恼就是比人家多个"媳妇儿"。我们是娃娃亲,也就是说,从五岁开始,我就告别单身了。更糟糕的是我们那地方不大,事情传得比发帖子还快。

"嘿,老王家的小子和老梁家闺女订娃娃亲了。"

"真的啊?这是好事……"

我就是老王家的小子。大人们谈论我的时候,我淡定地骑着一根木棍,拖着两条鼻涕,穿着开裆裤从他们面前走过。

娃娃亲不是玩笑,比什么指腹为婚靠谱多了。我家在村东头,老梁家在村西头,两家结亲,摆宴喝酒,鞭炮齐鸣,披红挂绿,我和老梁家闺女是扎扎实实拜了天地的。

据说当时是这样的,我妈说:"你跟这个鼻涕妹磕完头,我给你买两根冰棍儿——两根!"我一星期都捞不着一根冰棍儿,面对这样的利诱,怎能抵挡得住?我痛快地磕完头,爬起来就拉着姐姐去买冰棍。老梁家闺女想跟来,被我一把推开。后来,老梁家闺女老拿这个说事儿,由此断定我是个不会心疼老婆的男人。我每次都喊冤:"当时我哪知道你是我媳妇儿啊,我就怕你抢我的冰棍儿!"

村小学的老师也喝过我们的订亲酒,上学后,自然笑眯眯地安排我们坐一起。做游戏,我们

从娃娃亲开始的青春期 ◎ 王增杰

永远是一对；回答问题，我答不上来她补充。小朋友一下课就疯玩，我最恼火的事就是玩到十万火急的关头，有多事佬急巴巴地跑过来，上气不接下气地说："不——不不不——不好了！有人打你媳妇儿！"我硬着头皮走过去："你们把那女孩放了么……"声音发颤，根本不是呵斥的语调，说到后来，那个"么"已变成商量的味道。其实，我的潜台词是：我打不过你们，拿弹珠什么的把她赎回来可以不？

小学毕业，同学之间写临别赠言。我给我"媳妇儿"的赠言是："你是一个学习认真的同学，希望以后能更上一层楼！"这话还是抄来的。我把她当成众多女同学中的一员，从没觉得她有什么特别之处。

初中意味着要离家求学，只有镇上才有中学。我学习不赖，她也不差，都顺利上了中学。"杯具"的是，我们没选择，只能在一个学校；"洗具"的是，初一的学生来自十来个村，数量不少，只能分班，我没和她分到一个班。

我在初二有了自己的自行车。从村里到镇上只有五里路，可我妈就是不放心，第一年由我姐负责接送。后来我终于可以自由来去了，脱离我姐的监视，一拐弯就能去游戏厅疯玩了，我美死了。

我"媳妇儿"在学校的大红榜上名次蹿升得很快，但我下降的速度一点儿也不逊于她。后来，我的名字终于在榜单上消失。我浑然不觉这件事的严重性，直到得到消息，我"媳妇儿"可能会考上中专，去一个小城市的护士学校读书。

这个消息是初中毕业后的暑假，两家聚餐时我才听说的——除此之外，初中三年，我只和她见过一面。我以为我早已习惯了生命里没有她，但在人生的十字街头，听说她要远走他乡，竟有点舍不得了。

有意无意地，屋子里只剩下我和她。

"为什么要去读护校？"

"因为老师说我能考上。"

这是实话。那个年代，中专比高中的分数线要高很多。对农村的父母来说，上中专意味着再供三年，孩子就有工作，能赚工资了。

"你家里知道吗？"

"不知道。"

回答问题的是我，我知道她在问什么。我频繁打架，成绩早已一塌糊涂。

"你还是得看点书……"她想了很久，憋出一句话。

我不记得我们后来东拉西扯说了些什么，总之那次对话草草结束。

暑假过后，我去了一所高中，发誓以一个成年人的标准要求自己。我"媳妇儿"去了那所护士学校。她开始给我写信，这估计是她妈的要求。我妈的要求是，我必须每周去看她，风雨无阻，雷打不动。

真正的恋曲，终于奏响了。

（摘编自《娃娃亲保卫战》，江苏人民出版社，乾乾图）

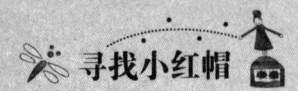

风云纪：
惊鸿一瞥的华丽邂逅

◎ mogreenle

《传奇》唱道："只是因为在人群中多看了你一眼，再也没能忘掉你容颜。"电影是造梦的地方，电影中的故事也往往让无数人唏嘘不已，而那些经典又惊艳的邂逅则更让人反复回味……每一次的邂逅，都可能是一场爱恋的开端，难怪仓央嘉措会在诗里写道：第一最好不相见，如此便可不相恋。

电影《芳芳》

邂逅地点： 家里

评价： 最新奇的邂逅

一个幽暗的晚上，一个越窗而入的少女，短裤长靴，长发挽成蓬松的辫子，带着露水湿漉漉地倒挂着走。我想我这辈子都不能忘怀这个女孩，她那亚麻色的长长秀发，总是让我想起秋日的麦穗泛着醉人的芳香；她笑的时候嘴角老是翘起来，像个长不大的小姑娘；她说着很快的法语，听起来就像小鸟，不过那一定是夜莺。哦，忘了说她的名字叫芳芳，这是她的小名，她叫苏菲·玛索。

电影《西西里的美丽传说》

邂逅地点： 西西里小镇的街头

评价： 最"安静"的邂逅

那是小镇中平静的一天，夏日的空气炎热而躁动，少年和他的伙伴们正坐在街头。她出现了！她从小镇的边上缓缓地走来，只是低眉掩目，却已颠倒众生。她如西西里岛上盛产的美酒一样醉人，她的眼神清澈明朗，好像是亚德里亚海上的阳光和海风一样。这一场美丽的邂逅，令少年们屏住呼吸，不，他们已忘记了呼吸。没有一句话，甚至没有一声惊叹，这是一场最"安静"的邂逅。

电影《罗密欧与朱丽叶》

邂逅地点： 朱丽叶家里的鱼缸前

评价： 最唯美的邂逅

他那时还是青涩的英俊少年，眼底透着的是桀骜和冷峻，窄长的侧脸，藏蓝色的西装，金发垂在脸侧，斜眼睥睨，蓦然地，望见鱼缸的另一边，一双碧蓝色的温柔眸子，和鱼缸的水色交错

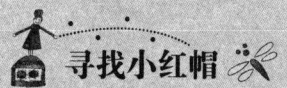

相融。那女子身着白裙，披肩的顺直长发，宁静柔美得似乎要融化在玻璃上，融化在他的心头。她微微一瞥，看见了对面的少年，少年俊美得如同天神，深邃迷人的眼睛流淌着无尽的温柔。天地间静得只剩下他们两人……

电影《天使在人间》

邂逅地点： 男主家里的游泳池

评价： 最不可思议的邂逅

他回到家后，听见游泳池里传来响声，于是疑惑而小心地走向那里，却看见一个全身泛着圣洁白光的女子躺在水里。他小心翼翼地抱起女子，却惊讶地发现她有一对白色的翅膀。女子缓缓地睁开了眼睛，他顿时惊呆了——眼前的女子，其光彩夺目的美丽让人无法移开双目。她的眼睛如同璀璨的宝石，娇嫩的嘴唇犹如玫瑰花瓣，金光闪闪的头发像瀑布一般垂下，遗世独立的纯净气质与空灵的美丽不属于人间。

电影《美国往事》

邂逅地点： 面粉室内

评价： 最"遥远"的邂逅

少年面条透过孔隙凝视着屋内，一个一身白裙的少女正对镜翩然起舞，正所谓：翩若惊鸿，婉若游龙。这样美丽的少女，的确会让人铭记一生！少年的心思，少时的偷窥，或许每个人都有过吧。但时间无情流逝，昔日青涩明亮的双眸如今已是衰老沧桑，只有眼中的深情怀念未随时间的流逝而淡去。他爱了一生的黛博拉——他如何忘得了那翩然起舞的白色身影、那波光流转的眸子啊。

电影《海上钢琴师》

邂逅地点： 船上的玻璃窗前

评价： 最神秘与浪漫的邂逅

那是一个多雾的日子，1900在钢琴前行云流水般弹奏着，渐渐地，他的手指移动得越来越慢，琴声越来越缓，他的眼神越来越专注和深情——玻璃上映出了一个少女的身影，她并不很美，亚麻色的发丝在风中飘拂着，脸庞上还带有点点雀斑；她走近玻璃前，越来越近，1900的眼睛越来越沉迷，他从未如此紧张……

（摘编自天涯论坛）

斯芬克斯流年

　　浓厚的月色从铅亮的夜空，银瀑似披垂下来，被太宽的旷野摊成铅片。未熄的高温把铅片熔成煞白的颗粒，铺成失魂落魄的大沙漠。

　　无数只斯芬克斯，伏卧在清冷月光下。借了神秘的月光，她问；借了死海的迷宫，她问；借了千年万年的枯骨，她问。这是爱的威逼，也是重压。永恒的神话，换作了六道轮回，一个不经意便可击碎尼罗河的芳菲。如果她的手指像蛇一样，在我的心上，用一根细发绕成地窝子。于是，独对长宵烛火，梦到伊比斯，无边的长嗟与幽恨，也挽不住盛世的尘灰和流年的逝水。

　　此刻在星光底下，红狐画连环火焰，黄羊追赶暴雨，青草盛放在开罗城边。我以想象为船载，一颗痴心，妄想在你的沙海里冲浪，直至樯倾楫摧，也葬送在你的心膛之上。

少年英雄史

◎须 生

PART 1

我在此叙述，并非我乐意重提往事，只为你的到来。看见这灯光附近四处穿梭的黑影吗——那是蝙蝠，盲目而冷酷的。

怎么说呢，或者说从何开始呢，少年时我曾游历四方，那个骑马的少年是我，你看见的，在南方绵延起伏的丘陵地带，那个骑马的游历少年是我，或许你曾目睹过无数个这样行色匆匆的少年，那也是我，我是无数的亦是唯一的。不知你是否注意到少年在你的视线里只出现一次。我在你的记忆里只存活一次，随后便不知所终。所以紧随他的踪迹吧。

骑马少年冬子现在到达一个小镇了，冬子记得所有游历经过的小镇都极其相似，每到一个小镇冬子就向人打听，你知道潘忠吗？潘忠是谁？人们摇摇头，他们看见冬子的脸上一片茫然，他们觉得骑马少年冬子有一点奇怪，后来他们看见冬子腰间的长刀，就轰的一下散了。骑马少年冬子就是这样一路打听着潘忠的下落过来的，有时他爬过一座高高的山丘，他问自己，我走过的路就是世间英雄潘忠走过的路吗？他不知道，他问过的人没有一个能告诉他潘忠的消息，可是他知道在自己走过的地方，潘忠的名字变成了一根长长的银丝。潘忠的名字还是一只大黑蜘蛛，蹲在骑马少年冬子

斯芬克斯流年

出发的地方，它日复一日地吐出一根闪闪发光的银丝。随着冬子越行越远，这根不绝如缕的银丝的一端始终缚在冬子的腰间。那些小镇客栈的掌柜看见冬子的脸色就想，这个潘忠一定是他的仇人。那些掌柜的在冬子走后总忘不了问一句新来的客人：你知道潘忠吗？潘忠是谁？新来的客人反问道。掌柜们发现竟然真的没有人知道潘忠的下落。潘忠是谁？潘忠渐渐成了谜。

潘忠是我的仇人。有一次打尖的时候冬子对他的新同伴丹鹤说。他是我这一生一世的仇人。

丹鹤是个肤如凝脂的少年道士，他的拂尘是黑色的，女子的长发一般闪着丝绸的光泽。这使他看上去有点奇异。

你恨他吗？丹鹤疑惑地问。

不，我不恨他。但他是我的仇人。冬子认真地说。

人们怎样对付他的仇人？丹鹤问。

像对你看中的女人一样，跟着她，能跟多远就多远。

女人跑不远。十五岁的少年道士丹鹤笑着说。

仇人也一样，冬子说。他的马在冰面上打滑。他们正在过一条河。冬天的河枯槁苍白，像刚在战场上流尽最后一滴血的烈士的脸，冬天的河在黄昏时闪着异样的白光，整条河都笼罩在白光之中，看上去会在下一个时刻飞升。

他们又一次停下来的时候是黄昏。他们找了一个破庙住下，丹鹤一边推门一边忽然回头说：你还是杀了他吧，杀了仇人潘忠，我想看看人们是怎么对付仇人的。

丹鹤没有听到回答。他扭头看见冬子正盯着院子中间看。那里有着杂乱无章的脚印。脚印看似无序却似又有着无限玄妙，擅棋的丹鹤说这是迷宫吗？冬子说我在想如果潘忠曾来过这儿，那么哪一个脚印是他的。

冬子抬起眼来看着丹鹤，他的眼中第一次露出了茫然和伤心，他像在问自己又像在责问丹鹤：你说，如果潘忠曾来过这儿，那么哪一个脚印是他的？

骑马少年冬子和道士丹鹤同时打了一个寒战，他们听见空庙夜鸟惊飞，一个夜行人的马蹄声由远而近，由近而远地离去。丹鹤笑了起来：说不定这就是潘忠。

丹鹤玩笑的时候忽略了冬子的眼神，因而没有注意到院墙外的异响。冬子什么都听见了，有一种我们无法察觉的迹象已随着夜鸟在空中飞翔的轨道发生了变化。冬子笑了一下，在这之前他们曾根据不同的线索寻找潘忠。消息的来源渐渐多了起来，似乎潘忠在这个季节活动频繁。骑马少年冬子和道士丹鹤有时在一个野渡有时在繁华市井的酒楼里等着潘忠的到来。

现在总有人沿途追踪着他们。你杀了潘忠吗？更有好事之徒一路暗暗跟随着他们。已经有人公开地为骑马少年和潘忠之间未来的决斗赌注，这使他们一路上为摆脱这些讨厌的苍蝇的跟随颇费周折。有一次丹鹤道士告诉冬子他也下了赌注。丹鹤漫不经心的黑拂尘上闪着光泽，他告诉冬子，你会知道我是一个最好的下注者，没有人比我更能体察天意，冬子无声地看着他，丹鹤忽然不笑了。两人对视着。

丹鹤说，我已经找到了我的骰子，那么你呢？你有没有找到你的仇人？

38 | MOTTO

PART 2

　　现在他们几乎是形影不离了。骑马少年冬子和道士丹鹤，他们看上去就是两个一门心思闯荡江湖的少年了，这并没有什么新奇。他们从不相互打听过去和将来。他们只是在荒郊市集控马而行，寻找仇人潘忠。他们喝酒的样子像两个成年人。擅棋的丹鹤有时会发现冬子的一些细节，冬子上马，冬子喝酒——非常优雅，然而非常——不出自本心，冬子更像一个戏台上的伶人。这也没什么新奇，少年在某一个时期总像伶人，可是丹鹤从未见过冬子拔刀。

　　扑朔迷离的寻找使他们不久之后又一次赶往古庙。天气越来越冷了。道士丹鹤在马上默诵棋谱。早晨的迷雾郁结不散，他们发现越靠近古庙迷雾越浓。当后来他们远远地看见古庙的一角红檐时，他们发现这古庙四周凝结着一种异样的东西。与其说使他们感到惊恐的是一种气氛，还不如说古庙四周一种无形的有生命的力量在控制着他们，无意之中改变他们，在他们觉察之前。然而又或者什么也没有，只是雾。那雾有着微微的紫光。他们觉得马儿游荡。他们觉得自己已化身为一艘船，茫茫雾气是迷海，他们在驶向唯一的孤岛。他们有了做梦一样的感觉。

　　他们是得到了潘忠的消息后赶来的。冬子觉得自己化身为船，丹鹤道士脸色苍白地看着冬子说，我头晕，我快死了。他甚至抓不住拂尘，冬子瞥了他一眼，遥遥马鞭一指：潘忠就在里面。丹鹤道士发出一声惨烈的惊叫。冬子纵马驰向古庙。

　　冬子一人到达古庙，不出他所料，里面空无一人。冬子在石阶上坐下来，他看着越来越浓、越来越厚的雾气想，潘忠是谁，是茶楼的老妪吗，是渡口的舟子吗，是他们刚才来的路上看见的两个抬棺人吗？男人女人，潘忠已化身于其中，我知道哪一个经过我身边的路人是仇人潘忠？

　　院门打开了，进来的是一个投宿的波斯客商带着他大群的奴仆和姬妾。

　　那个拿着一面黄铜镜子的女子就是小朱，西域女子小朱在西厢房揽镜独照时冬子出现在她的窗前。小朱看着冬子：你见过潘忠吗？

　　这是小朱自西域而来学会的第二句中国话，.她在波斯客商的明珠与瓷器后面听见一路上人们彼此相问，你见过潘忠吗？

　　冬子看着铜镜中的自己，谁是潘忠？他问自己说。小朱看见冬子的脸上呈现迷失的鸟群一般的青色。她笑了，她知道为什么。那种苍茫的青色是死亡的色彩。她的眼睛看着窗外，她说，你住哪里，带我去，我给你看我的镜子。

　　铜镜以小朱的发带吊在冬子的面前，雾中镜像更为迷幻，小朱的手指莹白似雪。

　　"潘忠是我的父亲。"冬子说。他听见了马蹄声，雾中马蹄似破梦而来。他对小朱说，我母亲被仇人烧死在门柱上的时候，我就在街对面的茶馆里。她真倔，死也不肯说出我父亲的下落。有人说潘忠就是我父亲的名字。

　　西域女子闭眼笑着。她听不懂他说的话，她猜想男人在这时候说的话大同小异。她来这里学会的第一句中国话是：你住哪里，带我去，我给你看我的镜子。现在铜镜以发带悬挂在窗前了。铜镜晃动，反射不同景象，小朱的手指莹白胜雪。遥遥的山丘上有两个漆黑的抬棺人。还有别的什

斯芬克斯流年

么，镜子一闪之间，看得不太真，她的双眸感觉到镜子反射光线的存在，有如炽日。倦意渐渐上来了，恍惚听见冬子在问：你见过潘忠吗？

冬子一动不动地看着镜子。寂静之中他听见后院丹鹤道士的落棋之声。

丹鹤道士在和一个陌生人弈棋。第二天丹鹤道士失踪之后，冬子步入后院时看见陌生人坐在棋枰边，陌生人的手藏在袖子里。棋枰上摆着一副残局，冬子什么话也没说，转身走了。

陌生人说，你在找丹鹤道士吗？他走了。他去找一个叫潘忠的人，你知道潘忠吗？

冬子这时候在给马饮水，他沉默地看了陌生人一眼。

陌生人说，你知道丹鹤道士什么时候回来吗？他留下了这副棋局。他不回来我就走不了。都怪我不好。我只是个过路的。我只想一副棋打发长夜。

冬子摇摇头。雾气带着湿漉漉的重压围拢在古庙上空，它像一团湿透了的锦缎，直往下滴水。冬子忽然觉得干渴，他一霎间想起挂在窗口的铜镜中莹白胜雪的手指。他想我是马，我要奋蹄远驰，多么好呵，四蹄生风，眩晕再眩晕，云生肋下。一定是他紧紧勒住了缰绳，他突然听到了一声长长的嘶叫——他和陌生人同时向天边望去。在那嘶叫之后，他眼前的雾气忽然现出了一条裂缝，露出了古庙后血红的黄昏霞光。在霞光的辉映中他看见了波斯客商及其姬妾奴仆远去的锦绣身影。

陌生人在他的身后颓然地说，这个晚上发生了太多的事，上半夜我和丹鹤道士下了半副棋。黎明前住在前面的波斯人约我喝了一种光彩的美酒。那个波斯人告诉我，有一个手持铜镜的女子曾和潘忠有过一夕之欢。听说那铜镜是非常之物。

PART 3

波斯客商与西域女子小朱在归去洛阳的马车上观看铜镜。镜中之像使他们的脸颊上泛起墓中之玉一般的青光，他们看上去清绝如天人。他们在镜中看见骑马少年冬子和陌生的棋手在后院对弈。波斯客商自绣着牡丹图案的车帘缝中向外张望。他惊讶于沿途设立的大大小小的赌档。他想起临行前有人告诉他此地民风，现在好了，我们和波斯客商及他的马队一起靠近目的地了。我们像这个波斯客商一样茫然不知未来将发生什么。沿着官道向东。波斯客商下榻之所的掌柜认真地记下客人的名字后问：客人你也下注吗，赌一赌骑马少年和潘忠，他们中间谁的刀上先沾血，赌一赌究竟谁杀了谁。

波斯客商没有回答。他入神地看着镜中之像，一直到达房中。镜中古庙的雾气越来越浓。他看不清棋局。他下意识地揉揉眼睛，自从离开西域以来他的视力越来越差了。而一些遥远的记忆却在复苏。他的眼睛的余光瞥见西域女子小朱在西窗向空远眺。她的双手搁在乌黑的窗棂上。安静的十指，一动不动。波斯客商看见他所宠爱的西域女子小朱的十指正在迅速僵死，闪烁着刀锋一样的青色光芒。波斯客商在蒙眬中看见小朱转过头凝视着自己，嫣然一笑。

现在两个抬棺人走进后院里来了。他们站住了。看着他们，骑马少年和陌生人谁也不看。冬子低着头，忽然抬起头来看看陌生人，这是你自作自受，看来你是没法离开这里了。

陌生人笑着说：你想杀我吗？

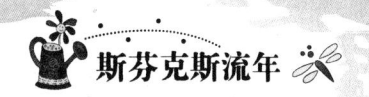

冬子说：我是说，我不会下棋。丹鹤道士留下的棋局天下没有人能解得开。

陌生人：是的，我说过。棋局解不了，我就不走。

冬子说：现在我想打开棺材看看。

陌生人想了一想，那里面是空的，你看了会失望的。像你这样的年轻人。他重复着说，那里面是空的，你看了会失望的。

冬子听见自己的马在嘶叫。长长的，一会儿远在天边，一会儿又在耳边。他久久地听着，他想这真是一匹烈马呵，他抽出长刀说，我想看看躺在棺材里的丹鹤。就是在此时他的胸口忽然感到一阵剧烈的疼痛。

黑木棺材上留着冬子和陌生人较量时划下的刀痕。出刀一次比一次更快。疼痛感有增无减。在最后一刹那冬子的刀把棺盖击飞时疼痛感到达了顶点。他在巨大的眩晕中清晰地听见了门外他的坐骑惨烈的长嘶——他看见丹鹤躺在棺材里面如冠玉。

陌生人看着他，冬子记起他的剑曾在自己的全身游走，却没有真正下手。冬子说：丹鹤道士棋术天下第一。你破解不了他布的局便杀了他。

陌生人摇头，他神色悲伤：任何生死较量都不需要旁观者。他死了，可以免你分心，可杀他的不是我，是他自己，是他布的棋局，他自以为布了一个谁也解不了的局——可怕的棋局，像有着灵性一样，泄露重重天机，他的天才，他的傲慢，他的自负——这样的棋局，不是尘世中的凡夫俗子所能操纵，可怕的少年人洞察天机——他以为他是谁——他的棋局是有生命力的，简直是邪的。它诱惑了我的刀，看到那副棋局，你会忽然觉得心中的杀机不可遏止——

冬子在此之后看见门槛外缓缓流进来的马血。他说，我的马。马死了。

陌生人说：任何生死较量都不需要旁观者。它死了可免你分心。冬子的眼睛突然亮了，他久久地打量着陌生人，又黯淡了下去。

他说，我不会下棋。

陌生人说：我是潘忠。

冬子仍是看着陌生人，他面无表情，眼睛里的光芒难以捉摸。过了一会儿，冬子清晰地说，你不是。

PART 4

天色近晚，雾气后的暮色急剧地变幻着，像陌生人的脸色。冬子说，你不是潘忠，如果你是你就不会认不出自己的儿子，丹鹤才是潘忠的儿子，刘家的惨事江湖上很多人都知道，而潘忠失踪了那么久，如果不是丹鹤自己说我根本不知道刘家还有个儿子，他是跟着我寻找父亲潘忠的。人人都知道我要找潘忠比武，可实际上我只是赌场老板雇来的。这是一场预先策划好的赌博游戏。我只是游历四方寻找一个叫潘忠的人。无数的人下了注。看我和潘忠之间谁先死。

陌生人说：如果潘忠不出现呢？

冬子说：按照事先说好的，赌场老板会派一个人来。你知道游戏进行到这个高潮，赌客们只需要一个叫潘忠的人出现，现在你是谁，我不管，出剑吧。

陌生人，你真想替你的母亲报仇吗？

PART 5

现在骑马少年冬子终于在傍晚时分走出庙门了。现在他没有马了。他回想起与丹鹤道士一起同行的情形，他在看见黑木棺材里面的面如冠玉的少年道士丹鹤的一刹那，他的心爱的坐骑惨烈地长嘶而后死去。呵，那时他如此渴望看见丹鹤道士的容颜。定是心中的疼痛杀死了他的烈马。他长啸远行的烈马。如今他徒步而行了，剑刃上带着一个自称叫潘忠的人的鲜血。他想起在争斗最后一刻，他与陌生人的对话。潘忠指着黑木棺材说，你看到了什么？冬子说，你说对了，我看到了空。潘忠说。不对，此处是空，彼处是有。像镜子的两面。此时是空，因为你刚从镜子面前走开。

潘忠死了。冬子看见远方出现一座熟悉的建筑物。小朱，小朱，西域女子小朱，他的心忽然一阵疼痛。他失声痛哭。小朱，小朱。西域女子小朱。唯有这个不相干的女人带走了他生命中唯一的青春秘密。

波斯客商死在归于洛阳的途中了。他死于他最宠爱的姬妾西域女子小朱之手，西域女子小朱恍如神秘的仙人，她有一面古铜镜，镜中之像不可捉摸。波斯客商原是出生于洛阳的一少年游侠。成年后籍籍无名，一日偶然于海上有奇遇，得铜镜，遂致巨富。记得那日在船舱之中初见一铜镜，他不由自主地对镜子说，现在我要进来了。镜子就是这样的神奇。

冬子睁开眼睛，发现自己身在古庙，他听见后院丹鹤道士的落棋声。西域女小朱的铜镜以发带悬挂在西窗下。雾气弥漫，他看见镜中之像，波斯客商正辞世而去，西域女子小朱舒缓地放下绣着洛阳牡丹的车帘。春风吹起波斯客商的左手衣袖，露出一条长长的伤疤。冬子想起他曾在陌生人手上留下同样的伤疤。骑马少年在这样的时刻突觉左手臂一阵疼痛。

你想听一部少年英雄史吗？我能给你看一面铜镜，你会看见我离去的背影。

（摘自犀牛文学网，冰山佼佼图）

我盛大的梦幻婚礼

谁说我是花痴女？我只是爱做梦而已。婚礼美梦里从来不会缺少包裹着童话色彩的事物，于是英伦玫瑰、南瓜马车、传奇古堡、皇室王冠成了万千女生心灵中永远盛放的梦想之花。让我来憧憬一下我未来的王子，幻想一下自己盛大华美的婚礼。

第一章 我梦中的你

王子派：安德烈王子

想到王子，第一反应是不是英国的威廉、哈里王子？哈哈，你OUT了！说到最帅的王子，还得数安德烈·卡西拉奇王子。他是全球最受瞩目的皇室人物，为摩纳哥王室的第二顺位继承人。安德烈王子从小就展现出惊人的迷人气质和优质偶像的外表。2002年，他入选美国《人物》周刊的全球最美丽50人名单。26岁的他热心慈善，尤其关心儿童和脑瘫病人，他是偶心目中真正的白马王子……

帅气流：郑允浩

允浩帅气的时候十分帅气，可爱的时候超级可爱，严肃的时候又让人不敢接近。这个身为"东方神起"队长的男孩，私底下可是个撒娇高手噢！他曾被评选为韩国的"黄金单身汉"，哈哈哈哈，这样一个帅哥，自然是我心目中完美的结婚对象！

体育系：华天

爸爸是中国人，妈妈是英国皇室后裔，他的同学中有威廉、哈里王子这样的人物，而他所练习的马术是欧洲贵族运动，好的马匹几千万人民币甚至上亿……是不是觉得这些描述离我们有些远？没错！但正是如此的家世，成就了华天的优雅。15岁时获马术比赛冠军，由伊丽莎白二世女王亲自颁发"女王银盘"；18岁成为国际马联年龄最小的四星级骑手；2008年代表中国队参加北京奥运会……翩翩公子骑马而来，怎么不让女生动心？

性感咖：罗伯特·帕丁森

他凭电影《暮光之城》中的吸血鬼角色而走红，成为好莱坞炙手可热的新星。他或许在与戏中女演员假戏真做地谈恋爱，或许如他宣称的没有。他可能曾和大名鼎鼎的女明星们约会过，但他从没有给出过婚姻的承诺——这倒让我，又有了那么一点儿憧憬的希望……

第二章 白马王子，你要向我求婚！

方案一：在蔚蓝海岸情定终生

没有人可以拒绝海的魅力。独一无二的环境，蔚蓝的大海，人迹罕至的海滩，特别是夕阳西照的黄昏简直堪称浪漫至极，海边绝对是求婚的最佳目的地。不过，我要建议王子，你最好避开人流，选择一些私密性较强的海边度假地来向我求婚噢！有些海滩甚至拥有私家小教堂，能即刻就让我们迈入殿堂，而很多海滩酒店还会为新人给予浪漫的贴心关注：香槟、烛光晚餐、在珊瑚沙小岛上的私密野餐……

方案二：湖光山色村庄——田园风情的告白

嗨，亲爱的，你找一个艺术与美景，美食与美酒通汇的地方向我告白，我一定会答应的！想一想，若在一阵骤雨后，小屋前后的小路顿成白色花瓣铺就的花径，美得让人屏息。两人牵手而行，只见白色的屋顶、墙壁、藤椅错落于密林间，鲜花开满了整个庭院，偶闻鸟鸣，回转身，单栋的小屋就静立在一方静谧的湖边，我怎能不希望幸福时光就在这里停驻？

方案三：从空中俯瞰爱情——热气球上的勇敢告白

还在咖啡厅里求爱？王子你不可以这么老土！我能想起最浪漫的事，就是在空中你把我拥在怀里，让天空和大地见证我们的爱情。在情人节或者是特殊纪念日到来的时候，可以选取一个美好的地方，去迂回参观一座城堡，乘坐马车或者老爷车邀游各地，最后乘坐在热气球上一起俯瞰大地。还有什么能比从热气球上与爱人一道欣赏一个地区的美景更加浪漫？

方案四：美味爱情——电车上的浪漫晚餐

如果我们正乘坐电车，你将玫瑰花和礼物早早地准备好，突然车厢内原先欢快的乐曲变得抒情缓慢，这个时候，你向我作出终身的承诺，在欧式古典的车厢内，单膝下跪，捧上一束玫瑰，用最传统的方式，用最真挚的情感向我求婚，此时整个车厢来自世界各地的祝福都会涌向幸福的恋人，难道还会不成功吗？我一定会嫁给你噢！

第三章 我们在这里结婚吧！

马尔代夫——阳光下的至爱

有位诗人说，当你携着一辈子的爱人踏上马尔代夫，相信神仙眷侣般的生活已经不远了。

44 | MOTTO

斯芬克斯流年

的确，马尔代夫就是一个真正的蜜月天堂。从上午7时30分享用早餐开始，你们可以逐项参加各种活动，直到傍晚活动结束，然后享用晚餐、观赏节目。各种活动之中，最具吸引力的是潜水活动。当然，即使你们什么都不做，只是在岛上住几天，看日出日落、潮涨潮退，挽着身边心爱的人，也会感叹："有你真好！"

甜蜜描述：马尔代夫的一千多个岛屿都是因为古代海底火山爆发而成，阳光明亮而温暖，海水蓝绿晶莹。如画的风景实在无需多言，就连"麦兜"都如此向往，可见她的魅力。

希腊——古典时代的爱情

关于爱情，希腊几乎什么都有了——这里有象征承诺的爱琴海，这里有醉人而浪漫的风景，当然，更令人迷恋的是那些古典时代的神话爱情。结婚去希腊，当然首先是去雅典，从雅典的古典传说中离去，你和你的爱人接下来最好的选择是找一个喜欢的小岛，在爱琴海的浪漫海滩边享受自由自在的好时光。

甜蜜描述：传说希腊有三件宝：阳光、海水和石头。这里四季阳光充沛，被称为"欧洲的阳台"。地中海悠久的海岸线勾画出最美的爱琴海，几乎遍地都是著名的文化遗址。在希腊结婚，你的爱情就像在欧洲的文化历史中穿行。

瑞士——湖光山色雪中情

瑞士无疑是新人们度过一生最为温馨且难忘时刻的最佳地点。无论在城市、乡村还是山间，瑞士总会为新人们提供一个难忘的婚礼场地。除了专业的滑雪活动，还有许多雪地活动专为不滑雪的人安排，如滑雪橇、雪地健行等。如果还想亲临少女峰，新人们可以继续搭乘高山缆车登上欧洲屋脊。

甜蜜描述：在海拔3800米被万年积雪覆盖的冰宫中举行婚礼让冰雪见证那纯洁的爱情；在充满13世纪风情的教堂中举行婚礼，让神圣的教堂见证浪漫的爱情；在阿尔卑斯山雄伟秀丽的山水间举行婚礼，让青山秀水见证那海枯石烂、地老天荒的爱情！

最甜美的誓词：我（新郎/新娘全名）愿意娶/嫁你（新娘/新郎全名）作为我/你的妻子。我内心知道，你将成为我终生的朋友、伴侣、我唯一的真爱。在这特别的日子里，在上帝面前，我将我的承诺给你，我承诺，无论是顺境或是逆境、富裕或贫穷、健康或疾病、快乐或忧愁，我将永远在你身旁做你的丈夫/妻子。我承诺，我将毫无保留地爱你、以你为荣、尊敬你，尽我所能供应你的需要，在危难中保护你，在忧伤中安慰你，与你在身心灵上共同成长，我承诺将对你永远忠实，疼惜你，直到永永远远。

MOTTO | 45

斯芬克斯流年

黑白之舞

◎ 乘凉的鱼

斯芬克斯流年

一

我是白，十八支一盒装锡管颜料中的一支，和其他十七支一起躺在盒子里。在未被出售、盒子未被开启之前，我们互不熟悉，只能从声音辨认着彼此。因为我们一直过着黑暗的生活。

漫长的黑暗没有边际，黑得让人寂寞。在寂寞中，大家只能以言语慰藉彼此。

交谈中，认识了我的邻居，一个爱说爱笑的女孩——柠檬黄。她知道得很多，当其他颜料说话时，她把他们一一介绍给我，比如，热烈美艳的玫瑰红、神秘高雅的紫罗兰、蓝家族中彬彬有礼的绅士湖蓝，等等。

这些声音渐渐化为只有我能分辨的形象在脑海中鲜明起来，后来我就能将每个声音和主人对应起来。有时，我也发表一些自己的意见。

直到有天，我听到一个声音。那是在我听到一个笑话而笑出声之后，有个声音问我：你是谁？

我有点不知所措，说，我，我是白。

白？那个声音有点惊讶，停顿了一会，缓缓地说，白，你的声音真好听。

这是我第一次听到赞美自己的话。而且，那个声音是我从来没有听到过的。它略带低沉，每个字音都吐得清晰。说话的时候像远远传来的音乐，一字一句和我的心跳同拍。

一种异样的感觉潮水般涨满了我的胸臆，怔住五秒。可我还想和他说话，便问他：那么你呢？你又是谁？

可我只听到漫长的沉默。

胸中潮水渐渐退去，只剩一片空荡。

二

那个声音是谁的？为什么从没听到过？有天我终于忍不住问柠檬黄。

你真的从没听到过这个声音？柠檬黄反问我。

我说，真的没有听到过。

柠檬黄想了一会儿，说，那可能是"黑"吧。听说他非常孤僻冷漠，居住在盒子的另一头。我也从没听到他说过话。

你还知道他什么？我急切地问柠檬黄。

可柠檬黄说，她也只知道这么多。

我渐渐能确定那声音就是"黑"的。因为我计算过，在这十八种颜色中，除了我自己，我能辨认十六种声音，那么剩下的一种，必然就是"黑"的声音。

我的话渐渐地少了起来，因为，我要屏息凝气捕捉他的声音。

可是，在"黑"的世界里，好像除了沉默，还是沉默。

很长时间过去了，在我静静的聆听中，慢慢发现，在嘈杂的声音中，会夹杂着几声深深的叹息。这叹息声非常之轻，像秋风吹落了摆荡的秋叶。

我在想，这是"黑"的叹息吗？

三

时间就在这样的聆听中闪过了。

那天在聆听当中，无意间听到了来自盒子之外的人类的声音。原来有人要买下我们，后来我们终于被这个有着甜美声音的女孩买下并带走了。

斯芬克斯流年

我脑海中忽然灵光一现：这盒子要打开了吗？我可以看到"黑"了吗？这一刹那，我似乎忘了柠檬黄和其他伙伴，一心惦记的就是"黑"。

其他的颜料也停止了交谈，都静静期待着打开盒子的那一刹那。毕竟，我们都寂寞了太久。

那一刹那是在猝不及防间到来的，那道亮光刺得我们睁不开眼，但我们依然发出了一声欢呼。在那欢呼声中，我听到了一声低呼，声音极为熟悉。

向右看去，便看到了我身边的柠檬黄，她如此眩目。若不是和她相处这么久，我真会对不上号。

依旧向右望过去，赤橙黄绿青蓝紫，让我眼睛都睁不开。这片色彩的海洋中，有一束雪亮的目光向我投来，我心里猛地一颤：难道这是"黑"吗？低下头去，不敢看他。

四

买我们的女孩酷爱画画。她最喜欢画窗外的碧海蓝天、银涛白云。她总是用湖蓝和我来画。洁白的画布像一个舞场，她用笔尖沾着我们在画布上舞蹈，我们留下的足迹，是一片湛蓝的海，涌起雪白的浪涛，晴空高远，浮云若羽。

其他的伙伴惊羡不已，说，看，他们的舞蹈多美！

可我只想着我的黑。在充满色彩的世界中，他的身影我已熟悉。他总是在那个角落，不爱说话，若有所思的样子，眼睛非常深邃。隔那么远，我都能从他的眼里读懂他的心灵。

但是为什么，和我共舞的不是他？所有的颜色都曾和我共舞过，那些舞步变成了蓬勃的绿叶，变成了妩媚的花朵，变成了温柔的余晖，变成了静谧的海洋。如果和他共舞，我们的舞步会是何等绮丽的画面？但为什么，我无缘与他共舞？

五

不知为什么，女孩的举动变得很异常。她在外面逗留的时间越来越多；在家的时候，总爱朝着虚空的某一处微笑，嘴角向上弯、向上弯、再向上弯；临出门的时候，总是在镜子前，将各种粉嫩的颜色往脸上涂抹，最后整个人都变成了一朵娇艳的花；有时也作画，更加地偏爱湖蓝和我，画着画着，笔停了，脸上的颜色开始燃烧，烧成玫瑰红加水的颜色。

柠檬黄说，女孩恋爱了。所谓恋爱，就是喜欢上一个人，会经常脸红、心跳，心里常常想着那个人。

那你恋爱过吗？我问柠檬黄。

柠檬黄这时却羞涩起来，我看到她脸上的颜色也开始燃烧，像主人一样。

我笑起来：原来你也恋爱了啊。

她分辩：哪有！这些我听玫瑰红说的。

那你的脸怎么都成橙红色了啊。一定喜欢上谁了！我不依不饶。

柠檬黄踌躇了一会儿，附在我耳边悄声说：小白，如果我能和湖蓝共舞一次，我最大的心愿就实现了。

我笑了：湖蓝真的不错，其他几个都被玫瑰红和紫罗兰迷住了。不过怎么就成你最大的心愿了，有那么难吗？

她低下头，有点艰涩地说，可是，湖蓝喜欢你，他只愿和你共舞，你不知道吗？

我一下呆住，忆起湖蓝和我跳舞时的目光，像蓝宝石一样晶莹温柔，他总是这样专注地看着我，嘴角总有温柔的笑。我本以为，他对谁都是那么温柔。

可是，我那时想的，只有一双深邃的眼睛，黑如点漆。难道说，我在恋爱？

六

世事难料，就像柠檬黄终于了却夙愿。绿色颜料用完了，女孩将柠檬黄和湖蓝融成了绿色，尽情挥洒。他们的脚步，印出一簇绿叶。我在一旁拍手叫好。湖蓝的眼里，终于多了一种东西，一种对我完全不同的东西，在柠檬黄的脸上久久停留。

女孩又在发生变化。她脸上的红霞渐渐消退，她不再出门，她不再画碧海蓝天。她将颜料乱摆，直到有一天，她将黑摆在我身边。

我们第一次那么近距离接触。我感到身体在颤抖，不敢看他。幸福得有种世界末日来临的感觉。

黑一如既往地沉默。但是我知道，他心里也是高兴的。只是，他不爱表达。

最幸福的时刻终于来临。

女孩在画板上铺一张洁白的纸。我在想，那将是谁的舞场呢？可正在想的时间，我就被拿了起来，从身体挤出一大滴的白。接着是黑，第一次我看到了他的笑。他就那么看着我笑，眼睛是黑亮深邃的，嘴角的微笑很迷人。我几乎眩晕过去。

我们被画笔融在一起，你中有我，我中有你。画笔舞动，我们也跟着节奏舞动。在舞蹈中，我只感到黑紧紧握住我的手。他的手，那么温暖，我即将融化。不，是已经融化，融化在了他的温柔眼里。我闭上眼睛，感觉到脸颊越来越烫。

我再次想到自己问自己的一个问题：我们的舞步，该是何等的绮丽？该是赤橙黄绿青蓝紫之外的绚丽夺目吧！我睁开眼睛，想向身后看去。

我看见面前的黑笑容凝滞，他颤声说，白，你不要回头。

白，我又听到这遥远记忆中的一个声音，像远远的音乐，我追寻了那么久。他的意思，我怎能拂逆。

他的眼睛像淡的雾一样迷茫。隐约听见他声音飘忽地说，白，让我把梦做完。

可我终于忍不住心里的好奇，轻轻扭转头，舞步凝滞。

身后，是一串灰色的痕迹。那颜色，是阴霾的天气，是阴暗的云朵，是冬季的水泥房屋，是枯槁的土地，憔悴的病容。

怎么会这样？怎么会这样？我们的舞蹈，只能是这种黯淡的灰吗？

黑看着我，他的话从来没有这么多：白，我知道我们的结局只能这样，一开始就知道。只是，我控制不住自己。我们是两个极端，就像黑夜和白天，只能遥遥相望。我知道你定会后悔，但，原谅我，我要的也只有这么多，共舞一曲，此生足矣。

我该怎么样？感觉失望吗？转身离去吗？可是，我只是扑进了黑的怀里，说，不管世界变成什么样子，我始终会和你在一起。

黑更用力地抱紧我，身心俱醉，叹道：此生足矣。

就在这一刹那，忽然感到身子一轻，舞场画了一道灰色的痕迹，从窗口飞了出去。我们重重地跌回颜料盒里。

这屋子里什么时候多了一个男人？他从身后抱住女孩，说，傻瓜，以后不准你再哭了，

斯芬克斯流年

更不准再画灰色的画。

没等我反应过来,男人的手抓起黑的身体就扔出了窗外。我眼睁睁地看着黑的表情由惊恐变得平静,甚至是满足。耳边,只有他那一句话在飘荡:我爱你,但不想你也变得灰暗。此生足矣。那道黑色的弧线像一道休止符,让一切戛然而止。

此生足矣。

七

女孩又爱画颜色鲜明的画了。只是,我的身体越来越憔悴,渐渐地失去水分。柠檬黄关切地询问我,我只是笑着,什么也不说。

我知道,总有一天,女孩会一扬手,将我扔向窗外。我蓄谋已久。

我终于失去所有水分。我笑着看女孩皱着眉,拿起我,手一松,我在柠檬黄和其他伙伴们的惊呼声中画出一道弧线。

我闭上眼睛。黑,等着我,我来了。

本以为在空中飞行是一个漫长的过程,可是很快,我的身体重重地落到地面上,发出沉闷的声音。我睁开眼,却发现,我躺在屋子里墙角的垃圾筒里面。在最绝望的时候,我看见在一朵干枯的玫瑰后面,闪动着一双深邃的眼睛,黑如点漆,灿若星辰。黑正对着我温柔地笑。

你?你怎么会在这里?泪水忍不住夺眶而出。

我被那个男人拾上来的。如果他随地扔东西,咱们主人可不会要他,是吧?又指着玫瑰花说,你看,我等得花儿都谢了。

我不禁破涕为笑。

(摘自新浪网乘凉的鱼的博客,恒兰图)

巴黎少女印记

◎ [法]苏菲·玛索 洪昊 译

我少女时代的家完全就是蜗居。要摊开沙发床,必须先移开矮桌,然后才能拉开沙发床的架子,放下薄薄的折叠床垫,床垫上是皱皱巴巴的床单,还有一个扭曲得不成样子的长圆枕,姑且可算作是枕头。墙的另一边,就是哥哥和我的房间,是我们的天地。小时候,常有同学到我家来过夜,虽然我们的房间不大,但他们总能找到合适的地方。那一年,我们十五岁。

那班同学中有几个似乎一生下来就处处不顺,至于不顺的原因,我们没好意思问。其中的一个年纪比我们大,来我家住过一两夜。后来,我爸不让我们留他过夜。就像有心计的人容易怀疑别人,流氓认得流氓那样,我爸感到那孩子不学好。然后,他销声匿迹了一段时间,一句话也没有留下,没有人知道他去了哪里,也没人认识他的家人。我们都以为那段时间他独自一人在过活,以为他原本来自济贫院这类机构。然而,每个星期六晚,当我们这群人在意大利餐馆凑份子吃饭,他又出现了,还会从兜里掏出好多大票子。

有一天晚上我们七个人就住在一个朋友家,因为他的父母正好要出门两天。我和老七,也就是最后加入的那个人,整夜都相互拥抱、亲吻。不知为什么,眼睛像针扎了一样,模模糊糊看不清对方的脸,而长夜正渐渐消逝。清早,我们从浑浑噩噩中醒来,睡眼惺忪,脑袋还是沉沉的,回想着昨夜。我喜欢他的亲吻,喜欢他初生髭须轻拂在脸上和脖子上的感觉。在我眼中,他金黄色的胡须比早晨第一缕阳光还要明亮耀眼。我肯定在那么一瞬间

斯芬克斯流年

是喜欢他的,其他的我不愿多想。

那天黄昏时分,他在我家楼下突然拦住我,吓了我一大跳。他从门后拐角悄悄地闪出来,脸色像面粉一样刷白,眼神诡秘,他还想像昨天那么抱我亲我。我绞谷糖似的扭来扭去想逃脱,左右闪躲他的拥吻,但他用滚圆结实的胳膊抚摸我的脊背,轻轻揉捏。我并不如他所愿地享受,却不再挣扎,默许了听之任之。倒不是我假正经,而是我不再喜欢他了,不喜欢他幽灵般的出现,也不喜欢他信口开河,满嘴跑火车的调调。

这天是在夏德莱地铁站入口。我们七个人本来在一块儿,但地铁口的人流很快就把我们冲散。警察无处不在,他们腰间别着左轮手枪,头上大盖帽压得低低的,遮住犀利的监视目光。忽然,就好像我们中间发生了爆炸一样,他两腿如同锋利的剪刀,划破人群,穿梭在他劈开的缝隙里,一下子难觅踪影。我们之前隐约感到的事,终于发生了。他逃脱前,我们看到他停顿了一下,他那冰冷的脸颊间似乎慢慢长出一道裂缝。他脸色灰白,可以说面无血色——他害怕。而我们也无能为力,只好看着他自己陷入这场斗争的旋涡。

我们都以为不会再见到他,至少不会马上见到。夏德莱车站炙热灼烧,活像个红色地狱,我们六个同党又碰在一起。还有两站地铁就下车。未曾想到,他正在阶梯顶端等着我们,胳膊插在夹克衫里,金黄色的头发被风吹乱,像个相貌诡异的天使。我怕他——他总是鬼使神差地不知从哪儿窜出来,让我感到害怕。他站在台阶顶端,一下子显得高大了起来,身后的光笼罩着他头顶,他在高处俯视我们,又变得神气活现的。见到我们,他容光焕发,满脸得意。他从夹克衫里掏出一把面包大小的手枪:我们谁也不想去碰,更不敢去拿。他把枪顶着自己胸口,又插进夹克衫里面的口袋。经此一役,我们再也没有看见过他。

(摘编自《说谎的女人:苏菲·玛索半自传体小说》,江苏文艺出版社,暖色底片图)

斯芬克斯流年

男女生之间有没有纯友谊？

友谊，是茫茫尘世中一份可贵的安慰，尽管力量微弱，但我们总会希冀从旁人处得到慰藉与支持。有人认为处于青春期的男女生交往，是掺杂着暧昧气氛的"前恋爱"，有人认为是光明正大冰清玉洁的"君子之交"，当男生遇见女生，火星撞上地球，是友谊，还是火花？

第一回合　男女生之间，有真正的友谊

观点亮剑：年轻人在与他人的交往中，会产生各种想法、体验和感悟，引起向别人吐露真情、倾心沟通、化解心结的愿望。由于青春期的生理和心理特点，大多都不愿意将心里话随便告诉长辈，从而产生了在同辈人、同龄人中寻求知己的需求，尤其渴望在异性中找到和自己观点一致或值得倾诉的好朋友。现实生活中存在着"红颜知己"，这就是异性间友谊的一种境界，是建立在心灵上相互沟通、思想上相互一致、兴趣爱好相近的基础上的友谊。

纯粹的友谊是没有掺杂亲情和爱情的情感。友谊需要真诚播种，用热情去灌溉，用原则去培养，用谅解去护理，这才是纯粹的友谊。我们不应人为地混淆爱情与异性间友谊的界限，对异性间纯真的友谊草木皆兵，神经过敏不可取。

唇枪舌剑：

本姑娘踹飞你：谁说男生女生之间没有友谊，我第一个不同意！

我的男性朋友A，从小学认识到现在，我们一直保持着很好的友谊，暑假从学校回到家，我们会约好一起去吃饭喝茶什么的，就算只有我们两个单独在一起，也是很融洽，不会出现什么你们想象中的事情。而且他女朋友也知道有我。我觉得这是很正常的男女关系啊！

我的男性朋友B，高中的同学。每年同学小聚会（就是那种要好的出来打打牌吃吃饭的聚会），我们都会玩得很high，而且搭个肩、挽个手什么的也不会有异样的感觉，我还和他，以及他女友一起挽手过马路。你们看，还是很和谐吧！

哆啦V梦：请问楼上，你应该比较男生气吧？

我说这个话，并无不敬的意思，只是从我的经验来看，能和男生打成一片的，都属于"哥们儿"情谊。就是要么男生性格比较中性一些，要么，就是女生比较男性化一些。你不必否认，现在男生和女生的"友谊"交往就是如此。但是因为有这样的原因在当中，所以我不认为男生和女生有纯友谊，因为，已经出发点就不"纯"，是有交往的"先天示弱"在当中。够不够"男生"真的是女生是否可以有异性好友的关键。

燕垒生：哈哈，楼上你正好验证了我们讨论的题目：有没有纯友谊。你都说了有啊。只是视具体情况而定。

路过的飞：其实男女之间能拥有纯真友谊的人很少，甚至可以说是非常稀少，因此这样的友谊才会显得极其珍贵！

哆啦V梦：我没有验证你的理论。我只是想说，如果一万个男生和女生中间，有两三对所谓的"纯友谊"，这样的"有"，又有什么意义呢？就好比这个世界当然有奇迹发生，可是，这个世界不是依赖奇迹出现才运转的啊！稀少到无比的纯友谊，和绝大多数人又有什么关系？完全是没有意义的嘛。所以这个"有"，其实是没有。

第二回合　男女生之间，必然没有纯友谊

观点亮剑：人是有情感的动物，人们最初交往的时候，可能会怀着彼此之间保持纯粹朋友关系的想法。可是，经过一段时间的交往后，如果因多方面的因素双方合不来，或因对方没有吸引力，也就疏于来往，成不了朋友。如果男女双方投契，相处日久渐生爱慕之情，便成为情侣或夫妻。在现实中，确实有"红颜知己"的存在，但这也有爱的存在，只不过这种方式的爱，爱得更理智，爱得更克制，爱得更痛苦而已。

友谊是爱情的基础，爱情是友情的升华，男女之间萌发爱情，大多数是从友谊开始，从相识、相知到相爱。一个人在茫茫的人海中，一旦找到自己心仪的对象，会设法接近对方。可以说，异性间交往的初级阶段，是靠友谊来联系的。继续相处，则是靠爱情维系的。

斯芬克斯流年

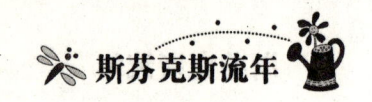

唇枪舌剑：

思之无限：异性之间不可能有真正的友谊！因为人是永远不可能完全满足的，感情的发展也不可能停滞不变，友谊发展到一定阶段也许会有段较长时间的"无欲期"，但随着时间的推移，这段感情或者会被时间冲淡，或者会更亲密，越亲密就可能产生火花……我与我的女朋友就遵循了这个规律从友谊进入了爱情。

朵儿朵：你和你女朋友的情况，只是无数情况中的一种，具有代表性，但不是决定性。记得我高一时跟班主任吵架，就是因为班主任不让我们和男生来往，说什么"男生和女生之间不可能有纯粹的友谊"。我觉得她说得大错特错了。对啊，友谊是没有界限的，并不用分什么男女，有时候，女生会比男生更细心，男生会比女生靠得住，所以，不管是男生还是女生，只要用心，友谊是永存的，而且，年龄也不能隔开友谊的哦。

潘小胖儿：楼上，你太天真了。因为说到底，你的观点只是"你觉得"，你真的经历过和一个异性保持既密切又长久的友谊关系吗？没有吧！如果你和一个隔壁班的男同学，属于见面点个头，一周只能说两次话这样的情况，当然没有什么可能发展成爱情，但你也能把这种情况视为友谊吗？那友谊岂不是太廉价了？只要是亲密的男生女生关系，一般最后都会走向暧昧，走向纠结不清中。

流年未央：从我个人经历来说，在以前我是相信异性之间存在纯洁友谊的，并因为自己拥有这样的异性朋友而感到欣慰。他是我高中同学加大学同学，七年多的关系让一向在男生前害羞的我，在他面前却无话不说。我以为我可以一直拥有这样纯洁的友情，也许在我潜意识里，我把他当作女生。但是后来他却告诉我他是一直爱着我的，这让我困惑，我不能接受他那样的表白，因为我觉得一段友情是比爱情更加值得我去争取的，爱情就像光鲜却容易腐朽的果实，但友情可以如同钻石恒久不变……

朵儿朵：楼上，其实男女间的纯友谊是存在的啊，为什么你七年中的"友谊"失败了？因为你遇到了一个和你有不一样想法的人。他想得太多。茫茫人海难道就不能遇到另一个和你想得一样的人吗？朋友不正是心灵相通，才可互托心事的？我觉得可以分享的异性朋友长期存在的秘诀是：彼此很欣赏对方，但又没有非分之想，最重要的就是在跟他交朋友时，不要想着他会在自己的生活中担任的角色。因为他真的只是一个朋友嘛。

第三方观点：友谊和爱情都包含着信任、理解、真诚的内涵。异性间的友谊是爱情的基础，但友情不一定能发展成为爱情。不可否认，异性间的友谊，不仅能够帮助我们了解异性，从异性眼里进一步认识自己，而且还是我们通向未来理想爱情的阶梯。但爱情比友谊具有更高的层次。友谊的基础是理解，具有广泛性，爱情的基础是感情，具有专一、排他性。

青春期的男生女生间从客观讲还是有很多的真挚、纯洁的友谊存在的，这是能用例子来证明的。但是也不排除这些友谊发展到最后形成爱情。男生女生的"友谊交往"是一项高超的平衡术，技术存在，但不是人人都能熟练应用。关键，还得看你自己。

（巴巴熊图）

伊莎贝拉其实不是蝴蝶

◎ 逸 安

蛾子在夜晚飞翔

蛾子喜欢在夜晚飞翔，所以蛾子绝对是属于夜晚的女孩儿。她的眼睛常常随着夜晚华灯的初放而璀璨起来。尤其当她坐在网吧的电脑前，当那些图案在淡蓝的屏幕上一点点变得饱满起来时，她的脸上就会呈现出一种熹微的光芒。

楚天枫最开始就是被她身上这种光吸引住的。他瞟了一眼蛾子的画，一个穿了白裙的女孩儿踏着滑板滑翔，双臂张开，发线被风拂得长长的，美丽飘逸。

当时蛾子全部心思都在手里的活上，丝毫感觉不到有一束自然目光热烈地、执著地黏在她的后背。

凌晨一点时，蛾子打着哈欠回到学校，三两下翻过了大门，立马被一束黄色灯光笼罩住，接着就听到教导主任沙哑的声音："谁，谁在那儿？"

蛾子还没反应过来，就被紧随其后翻过校门的楚天枫紧紧抓住肩膀，他大声说："求求你，别告诉老师我在外面逛夜市啊！"到后来，蛾子才明白这句话是楚天枫故意大声喊的。

这句话不偏不倚落入教导主任的耳朵。于是两个人都被带到办公室训话。楚天枫的口才极好，居然让教导主任相信蛾子半夜不睡觉到学校里闲逛是为了排解压力，然后碰上了从外面回来的楚天枫。而楚天枫外出则是为了在MSN上跟外国网友聊天，提高自己的英语听力和口语。

因为情有可原，所以两人都只受了口头警告的轻微惩罚。

蛾子向往的阳光

蛾子知道楚天枫，一班的尖子，所有老师手心里的宝贝。不过对蛾子来说，他和自己的生活交集也只有这一点了，虽然他帮助了自己，再见面也不过是微笑的点头之交而已。

但世上的事总有意外，不是吗？两个星期之后，楚天枫调到了蛾子所在的三班，而且居然还坐到了蛾子的旁边。

蛾子并没有欲望知道他这种种做法背后的原因。倒是楚天枫自己，坐下后，便开始絮叨三班的班主任是有名的英语特级教师，自己的英语差，来这个班，是为提高英语成绩，又说，蛾子旁边这个位置，光线好，而且安静，可以沉下心来学习。

蛾子趴在桌子上，看着窗外纷纷扬扬、飘飘洒洒的柳絮，旁边楚天枫的声音好像来自遥远的天际，慢慢地，蛾子听出来一丝此地无银三百两的意味。

蛾子原来在班上是个可有可无的小角色。"蛾子"的这个绰号有两层意思：一是她的衣服全是

斯芬克斯流年

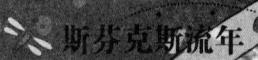

灰色系列，像片黑黑的影子，走到哪里，就遮蔽了一片亮丽的阳光；第二个意思，就是她白天总是一脸睡不醒的样子，晚上却精神抖擞，昼夜颠倒，生活习性正如蛾子一般的生物。

楚天枫对蛾子过多的关注引起了一些敏感女生的注意。她们看不惯优秀的楚天枫每天在食堂里穿过厚厚的人墙，挤成肉饼替蛾子打饭，在蛾子不开心的时候讲笑话给她听，在400米跑测试上为蛾子加油。

那天早上，蛾子走进教室里，原本吵吵闹闹的声音突然全都销声匿迹。蛾子顺着他们的目光转向身后的黑板。那上面画着一只大蛾子依偎着一棵挺拔的树，旁边有一行字：大蛾子，你也渴望亲吻春天的白杨吗？

少女薄脆的自尊被击碎。蛾子捂着脸跑出了教室。

蛾子像孤魂野鬼一样在雨中绕着操场跑了一圈又一圈，直到脸上分不清是汗水还是雨水。难道不漂亮，就不能得到好男生的关注吗？

回到宿舍后，有好心的女生拿来毛巾，还有一张素描纸。

素描纸展开来，那是一只红翅膀镶着金边的蝴蝶，居然是用粉笔画的，还有几行清爽的蓝色水笔字：世上最美、最罕见的蝴蝶叫伊莎贝拉，蓝绿色的双翅璀璨无比，展幅约为巴掌大，可是它只在从黄昏到子夜的时间飞翔！蛾子，相信你自己，也相信我，我一定可以让你变成一只最美的在夜间飞行的蝴蝶！下面的署名是楚天枫。

蛾子苦笑着，楚天枫，如果你真的喜欢我，为什么当时不追出去呢？是不是你也觉得喜欢我是件没面子的事呢？那你为什么还要喜欢我呢？

🦋 属于蛾子的光亮

楚天枫开始在晚自习的时候帮蛾子补习功课，给她讲复杂的数理化题目，编顺口溜帮她记单词。但是蛾子的心思却不能长时间地在这些上面停留。经常的，她想起了什么，视线就跳过了楚天枫，散漫在各个角落，捕捉可以让她充实画面的场景。神游太虚回来，看到天枫责备和无奈的眼神，她就心虚地低下头。

好的耐性就像好的绸缎一样，再怎么柔软，在经过多次揉搓后，也会失去最初的质感。

月考之后，看着蛾子又一次到谷底的成绩，楚天枫再也受不了了，眼睛里有重重的阴云，黑压压地擦过蛾子的目光，蛾子就感觉天地变得湿漉漉的。

楚天枫换座之前，最后扔给蛾子几句话：蛾子，你难道真的愿意一直做永远只在夜里清醒的蛾子吗？那次在网吧里第一次看到你为滑板公司做的设计，我的心为之一颤，我想，这个平凡的女孩儿也有飞行的梦想吗？我曾想过要将你变成一只蝴蝶，我以为你会因为爱我而改变，但我失败了！

蛾子依旧在夜晚写字，白天打瞌睡。即使站着听课，她也会因为打瞌睡猛地碰到窗台而惊醒，接着迎来满室的嘲笑与讥讽。

蛾子从没见楚天枫回过头，其实蛾子很想看到楚天枫的表情，哪怕是憎恶的也好，可是楚天枫这个时候总是低头埋在课本里。

高考就是一道分水岭，相聚三年的同班同学马上要彼此天涯，在毕业的散伙会上，蛾子看着楚天枫意气风发地接受同学的恭维和老师的鼓励，她的手悄悄伸向口袋里，那是一张银行卡，里面有自己做设计得到的报酬，这些小小的喜悦，她多想和楚天枫一起分享啊，可是有什么东西把他们层层隔开了。

蛾子知道，他们的故事到此结束，从此以后，各奔东西，相忘于天涯。

比蝴蝶更漂亮的伊莎贝拉

回到家里，蛾子低着脑袋，小声地说，爸爸，我不是读书的料，对不起！蛾子抬起头，眼睛亮亮的，爸爸，您让我留在家里照顾您吧！我在家做设计，也可以挣钱的！

蛾子像自己原先设想的那样，在自己家门口撒了好多花籽，第二年的春天，那些花相继开放，蛾子扶着已经可以下床的父亲走到门口看花红柳绿。

爸爸不再反对蛾子画画，曾做过美工的爸爸还帮助蛾子一起做设计。

蛾子每月做设计的收入开始固定了，可以完全负担起自己和父亲的生活了。她也可以买一些鲜艳的衣服，纯白、粉红、淡蓝、鹅黄。蛾子看着镜子里的自己，发现自己打扮起来也是很漂亮的。

蛾子一点也不后悔上学时在网吧里度过的那些时光，那些收入支撑她走过中学，而不必每次让父亲为难；她也不后悔高考时那些故意写错的答案，高考落榜了，才让父亲终于拿出准备供自己上大学的钱来治病。她已经没了母亲，不能再没有父亲！

蛾子有时会想起楚天枫，那时他是有些喜欢自己的吧！但是那爱顶多只有一只盘子的深度！更多的应该是少年热血的冲动，想要通过改变他人来获得自私却又可爱的心理满足。可是谁也没有权利要求一只蛾子变成蝴蝶，哪怕是以爱的名义。

蛾子已经知道有很多飞蛾都是白天飞行的，它们和蝴蝶一样漂亮，有的甚至比蝴蝶还漂亮！还有，楚天枫说的世上最漂亮的蝴蝶，伊莎贝拉，其实也是蛾子，属于大蚕蛾科。

(摘自《中学生·青春阅读》2011年第4期，玉华图)

斯芬克斯流年

尚·午时IN刻

有人说时尚像是细胞、种族、分子，都是些生命最基本的元素，艺术家则把它们看成是来自宇宙和自然的信号。地球不过只是百万个圆点中的一个。野心勃勃、光彩照人的时尚界"女沙皇"们正用艺术来改变固有的形式感，来营造一种无限延伸的空间，令置身其中的观众无法确定真实世界与幻境之间的边界。

珠宝夜宴上的"蝴蝶风暴"

身为一个雕刻家的女儿，赵心绮深知不同材质珠宝的不同特性，就像渔夫的女儿熟谙河滩深浅一样，她对不同石头的明度、软硬、怎样的切面才能折射出最美的光泽烂熟于胸。在很多人眼中，她是一个爱和自己较劲的台湾女人，明明熟知镶嵌工艺，却总是用天马行空的念头挑战镶工师傅的技术极限。从赢利角度来看，她就连珠宝盒也都坚持由德国最顶尖钢琴烤漆制作工厂来制作。

而对赵心绮来说，只要能够让她做设计，就是件很让人开心的事。在学习的过程中，她深深爱上珠宝设计。发现一件珠宝艺术品，其实就是一件微型建筑物，每个层次、结构、弧度、转折，都要经过精确缜密的规划计算，不仅是钻石镶口的排列、火光的呈现，甚至要考虑到人体工学和力学支撑架构。因为体积小，复杂度更高，更有挑战。在她的作品中，"生命力"和"立体感"是最重要的两个特点。每一件作品，无论是一片叶子，或是一只蝴蝶，一定都要充满生命力，而且360度只要是眼睛所见之处，一定都镶满钻石。

精神疗养院里的日本艺术天后

草间弥生，这是一个听起来会让人立刻联想到日本古代优雅女子的名字，然而这个名字的真正所有者却用铺天盖地的圆点和条纹、不断重复的艳丽花朵，甚至无法计数的布缝玩具架构了一个个虚幻空间，这个空间里的内容不是世界的真正反映，而是艺术家用来取悦自己的倒影。她的病，使她看到了普通人看不到的幻象（她自幼患有神经性

斯芬克斯流年

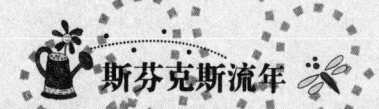

征服男人建筑世界的女人

从扎哈·哈迪德的多项设计作品的构思和表达方面来看，她与众不同的伊斯兰文化背景显然弱于其所接受的英国式传统保守精神。但不可否认的是，她的性格之中还有着强硬、激越的一面，她的许多设计手法和观念似乎是在被阿拉伯血统中的刚劲精神热烈地鼓舞着勇往直前。与此同时，她也在一些"随形"和"流动"的建筑设计方案之中流露出贴近自然的浪漫品位。

扎哈·哈迪德在JS Bach Chamber音乐厅的设计中，再次尝试通过建筑的美与音乐艺术的魅力完美结合。JS Bach Chamber音乐厅非常独特：它在整个钢结构中覆盖着透明的薄膜分割出一个巨大的舞台，它是被这么描述的："带状物本身包含一个半透明的织物隔膜关节连接的内部钢结构悬挂在天花板上。呈波浪形的织物外形表面在不断变化的节奏中，拉伸越过内部结构。这之间高度拉伸的外壳外观，光亮的丙烯酸声学面板悬挂在舞台上空，柔软的吹动效果以反射和传播声音，而其余的视觉难以觉察内部织物隔膜。"声音与形体所展现的不同艺术感交织在一起，无疑，这对整个视听都是一个很震撼的设计。

视听障碍，这种疾病使她看世界的时候仿佛隔着一层斑点状的网），她的艺术品在真实世界中复现了这种幻象，并诱使观众走入其中。

1966年，草间受邀参加了第33届威尼斯双年展，她的参展作品名为《那克索斯的花园》。这是一件让人的视觉受到强烈冲击同时理性亦被迷惑的装置作品。1500个金色镜球被放在户外展场上，草间本人赤脚穿着金色和服端坐其中。在四面镜墙的交叉映照下，所有闯入这个装置内在空间的人，都会与摆了满地或悬挂于半空中的银色亮球同时化为无尽的倒影。虽然作品旁边立牌告示一个金球价格两美金，表达她认为艺术可销售的概念，但这个作品更多还是表现这个万花筒般的幻象世界，反映出艺术家对自我与影像的一种偏执式的迷恋。

MOTTO | 59

斯芬克斯流年

阿拉伯世界的戴安娜

她被评为全球最优雅的女性，她的脚步来到哪里，记者的镜头就跟到哪里。虽然贵为一国之君的妻子，她却说，"皇后是一种工作。"一个女人的名字要比那些叱咤风云的政坛领袖更加响亮，也更加亲切——约旦王后拉尼娅·阿卜杜拉。

很多穆斯林妇女都把头发紧紧包在纱巾中，拉尼娅却更喜欢穿牛仔裤、短裤、高跟鞋，披散一头富有光泽的棕色秀发，人们甚至将她与戴安娜相提并论。拉尼娅是第一个把互联网教育引入中东的人，她为女性在议会和内阁中争取到位置，她和其他约旦王室的女性一起出现在抗议以色列对约旦河西岸巴控地区的军事行动的游行队中。许多约旦人至今仍在谈论2002年一场足球赛上发生的一幕：约旦河东岸人向阿卜杜拉高呼着："休了她！休了她！"所幸的是，阿卜杜拉也是一位开明的君主，他说："在某种程度上，她就是我的一面镜子，而我也是她的一面镜子。"她好似一股清风，改变了西方对穆斯林妇女陈旧、保守的印象。她好像一座桥，通过她，东方和西方、贵族和平民达成相互的理解。

走向镜头深处的飘忽女子

女作家南嫫这样描述崔岫闻：月亮般柔和幽秘的面孔上镶着一双充满梦幻的眼睛，只是这双眼睛没有去演绎琼瑶小说，却让人难以置信地用坚硬的笔触和痛苦的色调描绘了欲望难平的"性别空间"。

交谈起来，崔岫闻的眼中就有了一种惨烈的祈求。习画出身的崔岫闻是在一次很偶然的机会中转入影像领域的，崔岫闻至今也没用过专业的摄影、摄像设备。拍摄时用的都是最便宜的数码相机。在她看来，艺术创作中技术不是难事，创作就是要靠脑子干活。她在每完成一幅图像之前，都会有一个想法，一个大概的感觉，之后才会去完成它。人物的关系、状态、表情，在拍摄之前都是想好的，临场不太会超出范围。对她来说，感觉只是一个基本点，需要艺术家有很大的想象空间。她感觉自己不是一个完全可以虚构一个空间的艺术家，这个空间必须要有一个附着点，就是现实生活层面的基本图像、感受，也就是要有一个物质的东西可以依附，在这个基础上发挥自己的想象空间。所以再怎么做，都不会超越自己的想象空间。

机器人班登

◎ 万里秋风

硅山听着像一座山，其实它是由钢铁、塑料、二极管等零件堆积而成的，看上去更像是一座铁塔。今天，这里没有了往日如织的游人，显得格外肃穆与庄严。因为新一届的科学精英成人仪式即将在硅山举行。

校长一声令下，小精英们冲上前去熟练地组装着零件。今天，他们将创造一个属于自己的机器助手，也是他们一生的追随者。在瑞尔期待的目光中，机器人缓缓地活动着头、双臂和腰。慢着，它的腿好像有点不对劲，是的，它的左腿没有知觉。看着身边其他的机器人一个个走到主人面前，单膝跪地接受主人的亲吻。它也急切地向主人走去，可周围却响起了一片哄笑声，瑞尔的脸涨得通红，愤恨地瞪着一瘸一拐的机器人。

瑞尔冷冷地看着它，转过身对校长说："校长，我想把这个机器人销毁，重新做一个。"校长严肃地说："瑞尔，科学精英一生只可以拥有一个机器人。你必须尊重他们的生命。"

瑞尔坚持地说道："可它自己并不会知道这些。"校长的声音里有了些愤怒："如果有人想给你换个脑子，保证身体还是你的，你肯吗？机器人一生只准启动一次，这是法律！"

瑞尔回头看了看自己的机器人，它正抬着头，疑惑地看着瑞尔。这让它显得更加笨拙，瑞尔哼了一声，转身走了。机器人愣了下，但很快就反应过来了，主人去哪儿，它就去哪儿。它挣扎着站了起来，四周响起了孩子们的笑声："班登，班登。"

校长继续主持着成人仪式，于是，人家很快便对班登失去了兴趣，纷纷带着自己的机器人回家了。校长走到班登身旁，痛惜地对它说："这不是你的错，孩子。"班登恭敬地说："我没有难过，虽然主人没有宣布我是他的仆人，但他给我起了名字。班登，好听吧？对了，什么是难过。"校长拍了拍班登的肩膀，说："去吧，去找你的主人吧！"

班登吃力地跟着瑞尔，但很快就被他甩得远远的。经过一路打听，班登到了科学精英们居住的雪山，吃力地向上爬。一路上，班登遇到了很多机器人，它们都穿着崭新的衣服，它自卑地看看自己沾满泥土的身体，一瘸一拐地继续向前走。终于，它找到了主人的房子，瑞尔正好不在家，班登趁着这个机会将房间打扫了个遍。

就在这时，瑞尔回来了，他吃惊地看着班登说："你跟来干什么？我说过已经放弃你了！"班登的笑容凝固在了脸上，它简单的头脑来不及在见到主人和被主人再次抛弃的巨大落差间反应过来，房门就"砰"的一声被关上了。班登慢慢地低下头，感到有一种说不出的东西在体内涌动。

班登过了好久才默默地离开了瑞尔的家，然后在雪山上找了个角落住下来。这样，它就能偷偷地去看看主人，还能偷偷地为他修补房子和打扫院子。班登不需要房子，每天晚上就躺在广场上，机器人们有时会来看看它，而它则会问问瑞尔的近况。

时间过得很快，瑞尔也已经渐渐长大了，然后就恋爱了。他爱上了美丽的莱丝，一个科学精

斯芬克斯流年

英的侄女。这天,瑞尔满心激动地带着莱丝散步,并且酝酿着向她求婚的计划。莱丝看到街上来往的科学精英身边都有一个机器人跟着,好奇地问:"我叔叔有一个机器人,街上的科学精英们也有,可我从没见过你的机器人?"瑞尔打了一个激灵,马上说:"哦,我的机器人,它出门帮我办事了。"

从瑞尔和莱丝出现在广场上,班登就马上注意到了。它兴奋地尾随着瑞尔,主人又长高了,他身边的姑娘好漂亮啊,班登在心里替主人高兴。它一瘸一拐地跟着,隔着几个行人,尽量不让主人看到。后来,它听到姑娘问起了机器人的事,它替主人着急起来,怕主人无法回答而得罪了姑娘。正在它着急的时候,听到了主人清楚而大声地喊道:"班登!"

突如其来的巨大幸福让班登不知如何是好,心里反复说着:"主人看到我了,他在叫我呢!他要我了,允许我追随他了!"班登拼命地跑来。

瑞尔和莱丝从甜蜜中惊醒了,吃惊地看着眼前的机器人。它穿着一件破旧的衣服,多年的风吹雨淋让它的脸变得坑坑洼洼,颜色发黑,一只耳朵也因从石头上摔下来而变了形。莱丝痛惜地说:"天啊,这是谁的机器人,它的主人怎么能这么对它。"

瑞尔的脸色忽然变得苍白,他认出了班登,但仍假装平静地说:"你是谁?去找你的主人吧,不要跟着我们。"班登张大了嘴,不知为什么,它一向迟钝的脑袋忽然变得异常灵活。它看看瑞尔,又看看莱丝,然后平静地说:"对不起,我认错人了。"瑞尔不敢相信地看着它,冷漠的目光中掺进了一丝复杂的东西。

班登慢慢地,一瘸一拐地向广场外面走去,它听到一个科学精英对自己的孩子说:"这东西很脏,班登!"它默然地转过头,看到孩子把手里的东西扔掉了。它终于明白了,原来"班登"不是主人给自己起的名字,那只是"抛弃"的意思,当年大家叫自己班登,意思是说自己是一个被抛弃的机器人。它的心里有种悲痛的感觉,眼睛里有东西涌出来,可那是不可能的,机器人是不会哭的。它拖着那条没有知觉的腿,慢慢地向前走,一直走下了雪山。

瑞尔和莱丝结婚了,并且又当选为科学精英委员会会长,不久之后还有了一个可爱的小男孩。

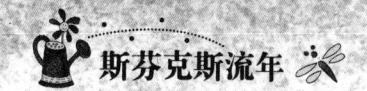

时间过得很快，转眼间，瑞尔的儿子也要参加成人仪式了，瑞尔作为会长出席了典礼。他紧张地看着儿子组装着自己的机器人，机器人慢慢动了起来，然后走到儿子面前，单膝跪地，儿子满意地抚摩着机器人的头顶。

忽然，一阵议论声吸引了他的注意。瑞尔转过脸，看到一个机器人正向着一个孩子走去，不知是什么原因，这个机器人的一只胳膊又小又短，无力地在身旁晃荡着。瑞尔出神地看着，这时一声嘲笑惊醒了他。

"快看啊，大卫居然有个独臂的仆从啊！""哈哈，真是个伟大的作品。"

那个叫大卫的孩子脸涨得通红，向后退了一步，瑞尔的心像被针扎了一下，一下子收紧了。机器人迷惑地看着主人，试探地又向前走了半步，因为胳膊的问题，它的身子失去了平衡。瑞尔长吁了一口气，但他发现自己身上已经被汗湿透了。儿子带着机器人跑到他的面前："爸爸，看我的机器人。"瑞尔慈爱地抚摸着儿子："带它先回家吧，爸爸还有事要做。"

天快黑了，班登用一个铁块在洞穴的墙壁上又画了一道痕迹，它把这些密密麻麻的道道又数了一遍。没错，主人今年50岁了，它满意地放下刀然后转过身来，它突然愣住了。

瑞尔正站在洞口，他已经有了胡子，额头上也有了些浅浅的皱纹，然而班登还是一眼就认出了他，因为它每天都在脑袋里想象他的容貌。

"跟我回家吧，那时我还是个孩子，原谅我，好吗？"瑞尔的泪水无声无息地滑落了下来。

班登先是愣了一下，它用手笨拙地给瑞尔擦去眼泪。瑞尔脱下自己漂亮的长袍，披在了班登的身上。班登向后退了一步，吃力地单膝跪地，仰望着自己的主人。瑞尔用颤抖的手从怀中掏出自己的激光手杖，点在了班登的头顶上并亲吻了它。瑞尔终于完成了几十年前半途而废的仪式，他长大了。

高大巍峨的硅山一如既往地从山顶上向下飘洒着零件。那些小金属块在月光下飞舞、坠落，闪闪发亮，就像一个机器人的眼泪。

（摘编自《2006年中国故事精选》，长江文艺出版社，小黑孩图）

斯芬克斯流年

黑色的眼睛：邪典电影

Cult Movie——邪典电影，一个电影词典和教科书避而不谈的词语，一个令骨灰级影迷和电影学院学生顶礼膜拜的电影类型，描述了人类生活的极端境遇，使我们有机会发掘自己内心的真相。通过与社会禁忌的对抗，邪典电影获得了一种解放与力量，而观众则获得了一个确认自己身份的机会。可以说，观众选择了邪典电影，而邪典电影也选择了它的观众。

昆汀与《低俗小说》

导演：说起Cult Movie，就不能不提好莱坞怪才导演昆汀，这个被电影青年和摇滚青年崇敬不已的录像店小伙计，这位当之无愧的"邪典之王"。他从来都不理会学院派那一套手法，而是按照影迷的理解怎么好看怎么拍。他的片子里总有绝世美女、循环而永无休止的暴力、出乎意料的却隐藏着人的宿命的结尾。在昆汀的血色浪漫的剧本背后，在他的痞子面具之下，隐藏的是一颗多么反讽、怀旧、甚至柔软的心啊……

剧作：这是昆汀最负盛名的电影，是被无数Cult影迷顶礼膜拜的神作。影片多段式的叙

斯芬克斯流年

事结构被人津津乐道，巧妙的情节设置让人流连忘返，Cult影迷要想进阶必看此片。并且也请记住，在1994年的夏纳电影节上，昆汀正是带着此片横空出世，一举击败了老谋子的《活着》、米哈尔科夫的《烈日灼人》、基耶斯洛夫斯基的《红》，创造了痞子战胜大师的奇迹。

音话：

文生与蜜儿在兔宝宝餐厅里碰面，闲聊了几句后，便是一阵音乐和他们的沉默。

蜜儿（打破沉默）：真讨厌。

文生（平静）：讨厌什么？

蜜儿：尴尬的沉默。为什么一定要打屁（即瞎聊）才不尴尬？

文生：不知道。不过你问得好。

蜜儿：当两个人有默契时，就能闭嘴享受片刻的沉默。

文生（忍不住笑了）：我们刚认识，还没有默契。

蒂姆·波顿与《艾德·伍德》

导演：他是好莱坞的鬼才导演，从1978年加入电影行业算起，他几乎每拍一部影片都会掀起惊世骇俗的波澜。他将自己独特的个性渗透进他电影的每一个角落，奇妙而诡异的场景、阴郁而敏感的人物、时而冷酷时而温暖的情节，蒂姆·波顿用自己与生俱来的怪诞而敏锐的表达方式，以及黑色另类和刺激无比的创造性视觉，打造出了只属于他个人的怪异电影。

剧作：如果你是Cult影迷，那你一定知晓拥有"史上最烂的导演"头衔的艾德·伍德。他是Cult影迷们津津乐道的传奇人物，蒂姆·波顿亦是其疯狂崇拜者，并于1994年将其事迹拍成了电影《艾德·伍德》，以向这位对电影抱有无限热情却缺乏才能的最蹩脚的伟大导演致敬。所以，这部电影是当之无愧的"Cult Movie"，因为它以无比"Cult"的精神纪录了一个"Cult Movie"人的"Cult"传奇，抒发了感人至深的"Cult"情怀。

音话：

在艾德拍摄的电影中，过气的老影星贝拉·卢格斯扮演的科学怪人和斯特鲁斯基教授正在进行对话。

贝拉·卢格斯：我亲爱的斯特鲁斯基教授，20年前我被我的国家赶了出去，我被定为疯子、胡说八道的人，在其他的科技国家徘徊，而先前我都被认为是天才。现在在这里，在这个被遗弃的地狱般的丛林里，我仍能证明我是好样的。

斯特鲁斯基教授：是的，权威人士都认识到了你的发现是多么正确，所以我现在来带你回家。

贝拉·卢格斯：家？我没有家。被追捕，被蔑视，活得就像个动物，丛林就是我的家。但我还是要展示给这个世界，我能成为主人。我能使我这一族的人更加完美。原子超人，他们将统治世界。

朴赞郁与《亲切的金子》

导演：朴赞郁——韩国电影界的黑暗诗人导演，他的作品可以用四个字来概括——惊心动魄。在仇恨和绝望的主题、黑暗而暴力的风格、紧张且逼人的节奏、令人震撼无比的画面背后，观众看到的是生命的坚韧、生存的欲望、复杂的情感、强烈的心理挣扎。从这一点上讲，他可以说是比昆汀更酷、更犀利的导演。但是他的电影无论是在内容上还是在观念上，总会引发很多的争议。然而他的导演技巧，却毫无疑问是属于世界一流的行列。一个疯子却拥有绝顶武功，这就是朴赞郁的可怕之处。

剧作：曾经踏入迷途，是否应付出代价？而一个罪人，又将如何救赎自己的灵魂？由"大长今"李英爱主演的《亲切的金子》，是朴赞郁"复仇三部曲"中最温和的一部——这既是一出华美的复仇，更是一出淡然的救赎。复仇的是人，手刃仇人，以眼还眼；救赎的是心，是曾经迷茫和无知的心。单调空白的人生长卷，要用怎样的姿态、怎样的笔触、怎样的手法、怎样的力度去书写，都是你自己的事；但是请记住，任何书写，任何行为，都是要付出代价的，就如同复仇。

音话：

牧师在电视新闻上见到了犯罪入狱的金子，深受触动，于是前去帮助她。

牧师：我在电视上看到你——在邪恶的巫婆脸后面，我见到了天使。

金子：天使？真的吗？你真相信我内心里有天使吗？但如果真有天使，我怎可能会做出那么邪恶的事？听了牧师的这番话，我一直在想这个问题。然后，我想通了。内心的天使要听我的召唤才会显现。你在哪里？请出来呀！我就在这里！召唤天使，即是祈祷。监狱其实是学习祈祷最好的地方。因为，我们知道，大家在这里都是罪人。

姜文与《让子弹飞》

导演：姜文可以说是国内导演中少有的带有Cult味儿的，当年凭着《阳光灿烂的日子》横空出世，其后的《鬼子来了》更是名列影坛百大邪典片之一。姜文的电影，意象总是太丰富而且吊诡，让人时常心生诠释不足的遗憾；而且他的创作思想虽然未必能获得认同，却总能让人在荒诞不羁中看出意味深长。姜文有着艺术家共通的狂傲和霸气，但力拔山河气盖世，他担当得起。

剧作：《让子弹飞》，大明星+大制作+大耐心，抖出却都是精彩无比的Cult桥段。跳跃式叙事、快速动感的画面剪辑、高密度的精彩对白轰炸，姜文运用的这些手法，仿佛出自昆汀、盖·里奇这样的邪典大师之手；而姜氏风格的黑色幽默，也仿佛让我们重温了一把科恩兄弟的风格。一直以来，中国影迷都因为语言障碍的存在，无缘欧美邪典片的精髓，如今"子弹"一飞，过去让人隔靴搔痒的那层膜被轻轻揭去，邪典的快感顿时酣畅淋漓。你敢说这不是Cult Movie？那就等着吧，时间会证明一切的。

音话：

张麻子鼓动民众推翻黄四郎的统治。在最后，他们两人展开了一段关乎功败垂成和身家性命的史诗性对话。

张麻子：你觉得是你对我重要，还是钱对我重要？

黄四郎：我！

张麻子（摇摇头）：……

黄四郎：不会是钱吧？

张麻子：你再想想？

黄四郎：不对，还是我！

张麻子：其实你和钱对我都不重要！重要的是"没有你"对我很重要！

（杨济东图）

寒武纪荼蘼

当你的化石外衣，在寂寞的岩层中万古长存，而荒域的消隐，却浮凸侧展的翼角。你的琉璃光，像六亿年前凝固的笑容。

当你的化石外衣，在人世间的破碎中剥蚀，生命的遗蜕，却回复成七窍未砸的混沌。

古海洋的追梦栩栩中衍变，触摸着软体的原始冲动是一种防护。贝壳古铠甲的冰冷流传亿万载，乘着时间机器，看到了六亿年前的洪荒，雍容的伊甸园里荼蘼花亘古的情结，在三叶虫柔软无助的蠕动中被遥望。

雪初霁，前世的慌乱在琥珀中漫漫渡过，有一种宇宙边缘的无助，在我双臂中萦绕飞逸。对着星穹的苗裔疏狂，聊与这锦字模糊。在无和有之间，枉生了阿修罗的三头六臂；在醉与醒之外，无意间触到的，却是上古寒武纪。

寒武纪茶蘼

夜别枫桥

◎林彦

寒武纪荼蘼

  我其实很想去秋枫巷17号说声再见，可是慧师傅听不见了。去年冬季她就已经去了无锡，深院里只锁着几盆枯萎的花和一地轻尘。在秋枫巷我住19号，慧师傅住17号，两家近邻。17号住房宽阔，空空的三间，住着她和一只黄猫。她曾经告诉我最初是住有五个人的，包括她的老伴和女儿，后来老伴去世几个女儿出嫁，好比飞鸟各投林。"就剩我一个人住了33年。"她摸着手中那只孤零零的猫说。

  我初来的那些日子，每天都关在自己的世界里，邻里之间寂寂无声，唯独慧师傅爱探到门前扯家常闲话。每天清晨，她都要敲窗户把我从床上闹起来，说她的兰草不能喝自来水，问我能不能下河帮忙提一桶浇花的河水。河埠的石阶确实很滑，总不能看着她跌进河里吧，提了水就得听她漫无边际的感想与刨根问底。很快，她探明了我的家庭背景，也知道我患有肝病。原以为她有洁癖，地板一天洗三回，我带有传染病菌可以让她躲远一点。没想到，她反倒贴给我80块钱提水费，说肝病是三分治七分养，拿这点钱添补些营养。

  我却不高兴，觉得这老太太实在难缠，抠出生活费追着还给了她。这80块钱大概让她有点难过，倒是很有效地让她安静了一阵。端午那天她又来敲窗户，喊我帮忙包粽子。到隔壁一看，一向空寂的17号欢声笑语热火朝天，几乎全巷的邻居都在给她帮忙——或者说她在给全巷邻居帮忙，各家差不多凑了两担糯米有劳慧师傅包菜根香粽子。她吩咐我和邻居们淘米洗青粽叶，自己调馅配料裁叶扎线，一串串精巧玲珑的青菱小粽从她手底跳荡而出，动作熟练而让人眼花缭乱。我从不知道年年吃的白米粽子在她手里会变出那么多花样，豆沙、蜜枣、冬菇、春笋、桂糖、百合……乐得四邻眉开眼笑。

  那天她忙到很晚，几大桶糯米都变成正宗的菜根香粽子让四邻笑眯眯地瓜分一空，只有我空着手回去了。不一会她送来两盘粽子，刚出锅，袅袅的热气让我心里骤然一暖。我从没吃过那么好的粽子，鲜香糯滑，难以形容。她看见我狼吞虎咽，非常高兴，念叨粽子没多少滋养，我脸上颜色不好要多吃鱼羹鸡汤补补肝，记住要天天吃。我有些哭笑不得，鱼羹鸡汤离我还相当遥远，只是第一次觉得听她侬软的唠叨并不心烦。

  从此我时常吃到她做的菜。她似乎知道我毛病不少性子很傲，往往是请我提水喂猫之后顺理成章地慰劳一下。她很疼爱那只黄猫，从不让猫饿着。每当菜根香请她出门去指点学徒，她就把一把钥匙和硬币搁在我窗台上，请我中午到菜场买点鱼杂喂她的猫。那只猫大概陪她度过了多年的漫漫寒夜，好多次我都看见她独坐灯下，寂寞地穿一串串晒干的莲子，只有黄猫温暖地趴在脚边。

  她最后一次给我做菜是初冬，医院给我发错了药，服过之后吐得翻江倒海，她招呼邻居送我去医院，颤颤的惊呼像变调的歌吟。之后又提来一保温瓶的桂圆炖蛋羹，让我瞪大了眼睛。在她的世界里，一个鸡蛋差不多就是一只鸡崽，很难想象她会把一个生命敲破。她叹口气说蛋羹的味道不会太好，这应该是春天做的炖品，要添一半荠菜，炖好的蛋羹半碗碧绿半碗嫩黄，爽口养胃，可惜买不到荠菜。

  我没料到四天后她就离开了苏州。她的猫突然失去踪影，她出门找猫时在枫桥上跌了一跤，就再也没有站起来。那时我还在医院里躺着。等我出院她已经走了，早年出嫁的女儿把她接到无锡去治病。我赶到枫桥边，载着慧师傅的船已经远去。桥下，浓绿的河面平静得一丝波痕也没有。

（摘编自《彩虹飞扬的天空》，接力出版社，付业兴图）

寒武纪茶蘼

只有鹿小姐
才能见到小王子

◎ 谢桥

"又下雪了呢!"

"是啊,要是圣诞节也能下雪就好了。"

鹿看了看璟微笑的侧脸,轻轻把头靠过去,也微微地笑了:"嗯,今年一定会的!"

呐,今年的圣诞一定也会下雪的,对吧?

遇见阿狸的那一天,这座城市迎来了多年以来第一个有雪的圣诞节。喧嚣万丈的冬季夜空像碗倒扣的红豆沙,微微黯红。那时候的鹿,还套着麻袋似的宽松的高中冬季校服,留长长的斜刘海遮住半边额头,心情不好的时候喜欢乘着公交车满城乱逛。

那天,是在哪一站路,遇见了那个奇怪的男孩子的呢?

"你好。"

鹿吓了一跳,脑中迅速掠过了N个夜半深巷的抢劫案例。可是,当她战战兢兢地回过头的时候,却发现叫住她的只不过是一个比她都高不了多少的男孩子。

面前的少年披着雪白的长长斗篷,同样雪白的兜帽下露出几绺淡金色的碎发,轻柔地落在脸颊边,在夜风里若有若无微微摇晃着,仿佛轻易就将半透明的空气搅动出了隐隐的涟漪。然而隐没在斗篷阴影下的一双眼睛,却是异常清澈透明的海水蓝,微微弯成不二周助般的温柔弧度。在这样的时空地点竟然隐约给人一种不真实的恍惚感。

"鹿小姐,我们好久不见了。"少年彬彬有礼地对鹿行了一个标准的十六世纪欧式鞠躬礼。

"什……什么?"鹿显然被吓了一跳,稍微有些局促地向后退了一步,同时开始飞快地回忆着自己究竟在什么时候认识过这样一个异国美少年。

寒武纪荼蘼

可是……的确是想不起来啊！在多番努力无果之后，鹿老老实实地学着少年的样子，也鞠了一躬："抱歉，我……我不记得了。"

"不记得了啊。"少年蔚蓝的眼睛里闪过一丝淡淡的怅惘，但是很快又微笑起来，"那么，就当重新认识好了！鹿小姐，我叫阿狸。这一次，一定要记住哦！"

阿狸？对着面前意味深长的笑容，鹿狠狠地闭了闭眼睛。这个名字……好像有些什么画面在脑海里迅速闪过：一本残旧的深蓝封面的童话书，一张笔调稚拙的儿童画，有着温柔触感的雪白披风……却也只是一闪而过，快得让她来不及深想。

就像是变魔术一样，阿狸飞快地从斗篷下抽出一只足有闹钟大小的怀表，匆匆扫了一眼之后又把那只古色古香的银链怀表塞了回去，似乎颇为苦恼地想要摸摸头，却只摸到了自己毛茸茸的白色毛线帽："似乎时间还太早了一点呢！鹿小姐，不如我们聊聊天吧！"

鹿看着突然出现在自己面前的放大版哀求表情，不禁无奈地想到如果此刻有动画效果自己头顶上是不是会出现N根黑线外加一滴巨大的冷汗。再看一看在自己答应之后立刻飞速换上了一副笑脸的少年，忍不住暗自腹诽"简直笑得像狐狸一样"，同时开始板着脸认真考虑起了自己究竟是不是被骗了的问题。想着想着，却又忍不住自己也微笑了起来。

虽然很莫名其妙。但是，之前的难过，好像淡了一些呢。

虽然有刻意避开，但是既然提起了学校里的事，好像无论如何都避免不了谈到璟。而出于某种连鹿自己都搞不清楚的原因，面对这意外出现的神奇少年，她竟有种奇异的亲切感，让她能够如此无所顾忌地释放情绪，并且心下安定。

其实一开始，对他也并没有什么特殊的印象吧！只知道是温和干净的少年，成绩不算特别出色，物理和数学却总能在班上排到前几名。而自己也只是不太爱说话的普通小女生，因为身高原因座位永远离不开老师眼皮底下的前两排，与坐在教室最后面的璟更是从没产生过任何交集。

坐在街心公园破败的秋千架上，鹿轻轻荡着双腿，开始絮絮地对阿狸讲起和璟熟识的经过。

那是高一的冬天吧！是体育课之后的课间休息时间，出教室门的时候只顾着听同伴说笑，完全没有注意到那群刚打完球冲回课室的男生。而捧着篮球的璟走在最前面，却也正巧在回头跟身后的人争执着些什么。于是顺理成章的，物理学中的"碰撞"被他们两个切切实实地实践了一遍。

好在是冬天，衣服穿得厚，并不会撞得太严重。只是当她在众目睽睽之下，以一种绝对谈不上优雅的姿势一屁股坐在地上的同时，似乎从脚踝处也传来了一声不祥的"咔嚓"声。

突如其来的困窘和痛楚让鹿在下一个瞬间迅速红了眼眶。呆立了半晌的男生也终于反应了过来，忙不迭地想扶她起来，却是被正处在气恼中的鹿毫不留情地无视掉了伸过来的手。而是自己挣扎着站起来，愤愤地回了座位。顿时教室里又是唯恐天下不乱的口哨声一片。

而到了放学，鹿好不容易才挨到人都走得差不多了才一瘸一拐地"挪"出教室。总不能这样回家吧？正当她一筹莫展地一边暗暗叹气一边诅咒着肇事者和她那群没良心的同伴的时候，才发现，早已是稀稀落落的单车棚里，一辆银白色的单车正停在门口，而一旁的单车主人则挂着白色耳机线，双眼微闭，仿佛早已深陷他人所不了解的虚幻世界。

MOTTO 171

寒武纪茶蘼

"上来吧！"睁开眼睛，璟拍拍单车后座，有些歉疚地笑笑，"我送你回去。"

犹豫了一下，鹿还是扭扭捏捏地坐了上去。

"走了哦。"

"嗯。"

小心翼翼地将书包抱在胸前，一抬头，却看见男生的深蓝色外套背后一大片醒目的灰白。应该是刚才靠在墙上的时候蹭的吧？

鹿的脸，忽然就微微地红了。是紫丁香的花瓣落在了心间，柔软芬芳。

那一刻，突然很想很想，伸手为他拂去那片灰白呢。

"然后呢？他开始每天接送你放学？"

"嗯。"

那每日出现在自家楼下的少年，在暮色晨光里站成了树的姿态，坚定挺拔，笑容恍若透明。大片的日光沉淀在肩头，缓慢绵延成水粉画般温暖湿润的色泽。

"像是拍电影一样吧？"仿佛是自嘲一般的笑着，牵起的嘴角却显露出不合时宜的僵硬，有极淡极淡的苦涩意味。

可是，那些悄然弥漫的静默氛围，那些初长成的青涩情愫，那些偶尔目光交汇之后的惊慌失措和绯红脸颊，原本就是如此啊！

虽然彼此之间都没有点破，但璟的单车后座，却一直一直地为她保留了下来，甚至，还细心地为她准备了厚厚的坐垫。即使是后来高一结束，大家被各自分到了不同班级，他却依然会在单车棚里站上半个多小时，只为等她上完时间不固定但每次都肯定会拖堂的英语竞赛课程。

有很多时候，当鹿连竞赛资料都来不及整理好就匆匆奔下楼，总是可以看见他背靠着墙，攥着一本习题册出神——那多半是她怎么努力都搞不清楚的数理化。背有一点点的驼，

低着头的时候露出一截白皙的颈。眉头也常常是皱着的，却总会在看见她的那一刹那展露出浅淡笑容。

"听起来是个很好的人啊！"

低下头，用力忍住即将涌出来的眼泪，不想让身旁的人看到自己的表情。过了好久，鹿才再一次轻轻开口："嗯。所以，这一次……是我做得不好。"

静默良久，有温柔的抚摸伴随着叹息轻轻落在头顶。女生诧异地抬起眼，泪眼朦胧之间看见少年有些模糊了的脸，海水蓝的双眸中是她所不了解的温和慈悲，恍然间竟让她觉得，那是她多年来见的一位故人。

"鹿小姐以前可不是这么爱哭的女孩子呐！"不理会女生惊讶的表情，阿狸自顾自地往下说着："以前的鹿小姐，可是很勇敢很爱笑的哟！就算是摔跤，也从来不会哭的啊！"

"可是……你怎么会知道？"鹿的眼睛越睁越大，面前的少年却依旧笑得眉目弯弯一派狡黠的模样，一点一点地弯下身子直到他的发丝几乎触到了鹿清秀的面颊，鹿甚至可以清晰地感受到他浅淡的呼吸暖暖地碰着自己的脖颈，仿佛孩童间天真的嬉戏。

"呵呵。"看着女生无可避免地露出了紧张神情，少年才心满意足地直起身子，后退两步。

"这是秘密哟。"

那一瞬间，鹿很想用书包狠狠地砸死他。

不过，阿狸真的是一个很奇怪的少年啊！

走在回家的路上，鹿依旧忍不住想起刚刚见面的时候，阿狸所带给她的巨大冲击。而他说话时的语气和神情，却又总是让她觉得，那只是一个比自己还要小的、任性天真而又有一点点嚣张的小孩子。虽然觉得很不可思议，但是与阿狸的相遇，似乎的确是自己这么多天以

寒武纪茶蘼

来，最愉快的一件事呐！

而到晚上要做作业的时候，鹿才发现，不知是在什么时候，包包里多了一个精致的深蓝色小盒子，里面却只有一块暗灰色的石头，粗糙的形状勉强可以辨认出是颗星星。旁边还有一张纸条：

刚才忘记说圣诞节快乐。现在应该还来得及吧！

PS：这可是来自外星球的星星哦！一定要好好保存哦！

那张牙舞爪的字体后面，落款处居然是一只龇牙咧嘴的狐狸头像。

鹿扑哧一声笑了。彼时，窗外的烟火正渐次升起，光华满天。虽然几次刻意地在当初相遇时的车站下车，但鹿再也没有遇见过那个名叫阿狸的奇怪少年。若不是摆在书桌上的石头提醒，她几乎都要相信，阿狸的存在，只是她某次游历中自己臆造出的一场幻觉。不知不觉间，时光如流水一般从皮肤上滑过。一眨眼，寒假即将结束，高三的最后一个学期即将来临。

假期的最后一天，鹿再一次坐在了街心公园的秋千架上，看着身边的路灯在七点钟的那一刹那同时亮起。光华熠熠，犹如繁星千里，是落寞无声的繁华。

应该是不会来了吧！然而下一个瞬间，白斗篷的少年却从黑暗中走出，一步一步，缓慢得像是在复述一个年代久远的童话故事，海水蓝的瞳仁里写满了熠熠的伤悲。

是光影摇曳所造成的错觉吧！这样想着，她忽然就变得轻松了起来："喂，你这家伙，怎么这么多天连个人影都没有啊！"话刚出口自己已觉不妥，好在天色已晚，对方看不见她的双颊通红。

但阿狸显然没发觉，而是兴高采烈地凑过来，一脸眉开眼笑像个得到了礼物的小孩子："鹿小姐，你这是在关心我吗？"

"谁要关心你啊？！"没好气地甩过一个大白眼，鹿有些心虚地重新坐下。一转头看见阿狸依旧孤零零地站在那里，忽然有一点不忍。

"过来坐吧！"轻轻叹了一口气，她还是开口招呼。

一贯嬉皮笑脸的少年却并没有立刻跟过来，而只是定定地站在那里。皱着眉，一直一直地凝视着她。

"怎……怎么了？"被那样奇怪的目光看得有些不自在，鹿的表情也有些不自然了。

"你的刘海为什么要留那么长呢？不是会遮住眼睛了吗？"

鹿的表情瞬间僵硬。那时候，璟也是说了同样的话吧！而自己就是因为这句话才情绪失控，跳下单车的时候头发又缠在了他的外套拉链上，挣扎之中被他看见了自己的额头，然后……然后自己说出了失去理智的话。

大滴大滴的泪珠从女生的眼眶里涌了出来，滴落在深浓夜色里，溅起浓烈的悲伤。带着哭腔的声音细细的，其中的脆弱早已无法掩饰，偏偏主人还极力要做出一副坚强模样，而这样的倔强听来却更令人心疼。

"其实，我真的不是故意的。"

伴随着话音的，是缓缓拔升刘海的手。没有了刘海的遮掩，原本光洁的前额上，一道浅浅的伤疤昭然若揭。十二岁时的一场意外，鹿的额头上留下了永不褪去的痕迹。从此，她变得沉默寡言不再轻易说笑，梳长长的刘海一直垂到眼睛。可是，自卑的情绪依旧潜滋蔓长，像密密的青藤，隔绝了所有的阳光和烂漫。而那一天，璟看见她的伤疤之后的惊异表情刺痛了她。所以，她冲动地对他说："我再也不要见到你了！"

MOTTO | 73

寒武纪荼蘼

在那之后，她就真的再也没有见过璟。原来，即使是这么小的一间学校，假如真的不想见，还是可以见不到的啊。

"可是，可是我后悔了啊！"

紧紧地攥着阿狸的斗篷，完全不理会自己已经糊了一脸狼狈的眼泪鼻涕，鹿哭得声嘶力竭，仿佛自己又变回了很多很多年前那个任性骄纵的小丫头，又重新拥有了不高兴时可以无所顾忌地放声大哭的权力。

"傻姑娘。"

鹿抬起一张泪流满面的脸。少年用他冰凉的手指鱼一般滑过她凌乱的刘海。

"没有人会在意你的伤疤的啊！除了你自己。我想，那个男孩也不会在意的。所以，跟他和好吧！"

晕黄的路灯下，少年真挚的面容竟是如此的安宁澄净。鹿怔怔地看着，忽然惊觉："下雪了！"

"这是今年冬天的最后一场雪了。"不知为什么，阿狸的微笑里竟有些许惆怅，"所以，我要走了。"

看着鹿依旧不明所以的表情，少年向后退了几步，嘴角的笑容又扩大了几分："鹿小姐，我要走了哦！"

"可是……为什么？！"鹿惊异地发现，少年的身体，竟然在慢慢地变得透明，淡淡的纯白光芒映着少年眉间的忧伤历历清晰，稚气如孩童。

"因为最后一场雪融化了，就是春天了啊。春天，鹿就会遇见璟了。"

"再见了，鹿小姐。"

然后，他就消失了。这个名叫阿狸的奇异少年，就这样，在茫茫雪夜中，像沙漠里的小王子一样，消失了。就像是一捧月光下的雪，安静地融化了。

唯有鹿，立在空空如也，却独自晃动着的秋千前，怔怔地站了好久好久。在她的身后，这个冬日里的最后一场雪，正在悄然落下。后来，在开学之后不久的某一天，鹿又在楼下的单车棚里，遇见了当初的璟。依旧是深蓝的外套，白色的耳机线，微驼的背，颀长的颈。

"上来吧！"就连台词，也依旧是当初的那一句。

但是鹿还是很愉悦地笑了。一切又都回到了正轨，难道不是吗？

"呐，璟，你看过《小王子》没有？"

"看过啊。怎么了？"

"我小时候啊，常常想，除了B612，会不会还有其他的星球，上面冰雪满天，住着披白斗篷的金发少年，会趁着下雪的机会跑到地球来……"

"呵呵，没想到你小时候这么天真啊！"少年轻笑，半晌却没听到来自身后的回应，不由回头。身后的女生正静静微笑，看着远处缓慢飘过的一朵云出神，鬓边一枚小小的向日葵发卡别住额前的碎发，露出并不光洁的额。

明媚的金黄色，像一枚温暖的小太阳，也像是曾经亲手用蜡笔描绘出的，某人灿烂的发色。天空湛蓝空无一物，在重重云层之后，我们的肉眼所不能捕获之处，一定有某颗星星，上面隐藏着你的微笑。

"今年的圣诞，一起过吧！"璟状似不经意地开口，微微泛红的耳尖却让鹿会心一笑。

"好！"微笑着应一声，顺势把手插进男生的大衣口袋里。

他偏过头，温柔一笑，回握住她的手。

十指相扣。温暖绵长。

（摘编自《80后》2011年第3期，猪茜熙图）

玫瑰战争

谁说青春的天空中，就一定是阳光明媚，而没有一丝阴霾？

女孩，问问你自己，你是否为了怕伤人或怕得罪人而不敢说出真心话，最后，忍耐、忍耐再忍耐的结果，变成了空气中流动的无声战争？而那些看似和谐的同窗情、甚至坚固的友谊背后，其实也弥漫着一触即发的紧绷感。

并且，在这些看不见的暗战中，你是否突然惊觉自己被踢出了某个小圈子，或是被某个小团体排斥甚至是遭遇冷暴力？你孤立无援，惊惧，愤怒，惶恐，无措，哭泣……

纵然你明哲保身，只想做个冷眼旁观的人，或者你就是加害者，但在这此起彼伏的暗战中，也许下一刻你就突然也变成了被害者，同样地懵然、悲愤、无措……

有人说：青春期就是这样，女孩们就是这么敏感、小心眼、爱嫉妒。可没人问过女孩们为什么会这样？大好青春年华，为何明媚朝气不彰，反而戾气隐现？

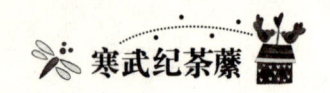

我们坚信：女孩们的这些情绪，绝不是天生的！与其说它与青春有关，不如说是源自青春的高压环境。现在，就让我们走进这场玫瑰战争，拆解其中错综复杂的矛盾情结。

当你被孤立、排斥后

我们不妨先来看一部电影，然后再将话题带入讨论。

放映室：[美]《怪女孩出列》

剧情：凯蒂青春活泼，单纯可人。因为父母的工作关系，她从小在非洲长大，接受家庭式教育。15岁这一年，凯蒂随父母搬到伊利诺斯州，开始了她人生中第一次的校园生活。可令人沮丧的是，她与新同学的相处，根本不是她原本想象的样子。女孩的世界，表面平静和睦，内里却波涛暗涌。

为了适应新环境，凯蒂暗自学习"生存法则"，并很快加入了一个光鲜的小圈子。而她温顺的性格，也似乎为她赢来了一群好朋友。然而，一切平静，都在她爱上男孩亚伦的那一刻发生了变化。原来，亚伦是学校最惹眼的女孩莉贾娜的前男友，虽然他们已分手，可霸道自负的莉贾娜根本不能容许凯蒂的介入。于是，一场女孩之间的战争悄然打响。友情、尊严、诚恳、信任，一切的一切，都面临质疑和挑战。而女孩们则在这青春的阵痛中，学会坚强，学会长大。

台词：

★"女孩世界"有很多规则：你不能连续两天穿同一件背心；你一个礼拜只能梳一次马尾辫……我想今天你已作好了选择。噢，我们只在礼拜五穿牛仔裤或运动裤。如果你违反任何规则，你就不能和我们共进午餐了。我的意思是不仅仅是你，我们任何人都一样。好了，譬如我今天穿牛仔裤，我就得坐在那边，和那些易容疯子待在一起。噢，我们叫人同我们共进午餐前，通常会投票，因为你得考虑群里的其他人。呃，我是说，如果没朋友们的同意，即使穿上去很好看，你也不能买任何衣服。

★我有一个朋友，是今年的新生。我说服她扰乱莉贾娜·乔治的生活，这是件很有趣的事。我让她假装和莉贾娜交朋友，这样她就可以来我家，而我们就可以嘲笑莉贾娜所说的傻话；我们还给她吃糖果棒，让她增肥了；我们还离间她最好的朋友；还有……

★说别人胖，不可能使自己变瘦；叫别人傻瓜，自己并不会变聪明；而毁了莉贾娜·乔治的一生，也一定不会让我变得更加快乐。生活中要做的就是，努力解决你面前的问题。

影感： 你是否也曾因好朋友放学不跟你一起走，而是跟别人一路笑语，而暗自生气？你是否也有过回宿舍后什么也不说就闷声躺到床上，用被子将自己严严裹住，第二天红肿着双眼、挺直骄傲的背，僵硬地走过那些中伤你的人身旁的经历？你是否还记得周末回家后死活都不愿再去学校而是一定要待在家里，任父母怎么问也不肯吐露原因半句的旧事？

也许有人会说：嗨，这些看起来都是小事情啊，谁的青春没有过一点别扭一点伤啊？看吧，女孩就是这么敏感脆弱的生物！其实谁会在意那个人在我背后传纸条，用很嫌恶的表情看我，或是没邀请我参加她的生日宴会啊？

不，你错了！她们会在意！而且这种种"小事情"，会严重挫伤女孩的自尊心。其实，看似温顺的女孩们隐藏的侵略行为就像热血暴躁的男孩们一样伤人。只是传统社会观念不鼓励女孩表达愤怒，她们该是完美的、宽厚的、合群的，所以她们只好暗着来，将不满与冲突通通地下化。

并且长久以来，大家都觉得女孩间的亲密友谊对她们很重要，而她们自己也这般认为并坚信着。因此对女孩来说，失去友谊或受到特定团体的孤立都是天崩地陷的大灾难。然而大部分老师都没时间注意或应付这种事，唯有家长为此精疲力竭，饱受挫折。但由于每个世代都遭遇过这种事，故而家长们也往往会怀有以前的伤痛回忆，因此使得要应付这个问题变得更困难。

所以，想想吧，年轻的女孩们面对的是什么——教育体制、考试压力、文化氛围，包括五六十个人挤在教室里的那种逼仄感、局促感，这些都会把人内心深处的戾气、暴躁、甚至是阴暗给生生逼出来。除非神经足够大条，个性异常隐忍，否则谁的心里都会有一片片青春苔藓。

杂议：

★ 我觉得女孩之间的报复远比男生之间的拳脚更伤人！

★ 我们都会遇到我们的莉贾娜，她们世故、成熟、狡猾，懂得攻击我们心灵最脆弱的地方，从内心摧毁你！

★ 我不否认欺负过别人，也不否认被人欺负过，我觉得这是一个正常的青春期都会遇到的事，关键在于自己如何去解决。

★ 这勾起了我的一些不愉快回忆。那些幼稚的事，长大后会淡然一笑，但对学生时期的我来说，却是很大的伤害。而比起那些诋毁，及暗地里的伤害，最令人受伤的，就是"好朋友"的虚伪。就像凯蒂的母亲说的：那也是一种暴力！

当你和朋友渐行渐远后

1楼：女孩和女孩之间真的有一辈子的友谊吗？对此我很悲观。我有个好友，从小学到高中一直同班，上大学后也都还有联系。以前我们真的是无话不说，年少的友谊确实很纯啊。可现在呢，她要考研，发个短信给她，她基本不回。如果真忙成那样也就罢了，可当她有事要找我帮忙时，就会发整段的话给我，还注明要速回！今年暑假回家，想叫她出来聚聚，可她推脱了。对着电话，突然觉得和她不再有默契，有点无话可说，最后只好挂电话了。还有个好友，也是无话不谈。可好多次，我发现她竟在套我的话。可能是我对朋友的要求太高了吧。我喜欢面对好友时，整个人可以无拘无束，然而现实太让人失望了。

2楼：同感。小时候和好友也是无话不说，可现在也总觉得她在套我的话，像在比着什么，如学习、恋爱、工作什么的，估计将来还会比老公和小孩吧。现在我已放弃交心了，感觉成年后的朋友，总喜欢探究你心底最隐秘的事，你越是不想说，他们就越是感兴趣。

3楼：为什么会没有呢？我和好友从幼儿园起就认识，现在我们都大学毕业了，可感情还是很好，已经升华成一种亲情了。

4楼：我相信有一辈子的友谊。只是每走一段时光，彼此都有一个磨合的过程。当磨合过后，你们会更成熟，更珍惜彼此。

5楼：我是个性格很怪的人，喜欢君子之交淡如水，如果和别人太熟，就会有一种恐慌感，想逃离。所以我的朋友特别少。这是为什么？

6楼：妈妈级的也来发表下看法！我跟好友认识20年了，各自的孩子也都上初中了。我们并不是经常在一起，往往是很久不见，而且也没有电话，但那种亲密的感情存在于我们之间。而且我们为对方所做的一切，真的是不讲条件不求回报的。我们之间不只保留了最初的热情，还有岁月积淀的厚重信赖。

7楼：我有一朋友，平时联系不多，但感觉还是和以前一样。可最近我到她的城市小住了几天，感觉问题立马就出来了。她的生活方式、性格、处事方法，都让我难以忍受（想必她也觉得）。而且我们之间的沟通越来越少，互相的良性影响几乎为零。我知道自己也有问题，但我们十几年的友谊，是不是会因此玩完啊？

8楼：真心的朋友肯定有，只是随着年龄的增长，彼此的相处方式会改变，这是必然的。调整好自己的心态，也是保持友谊的一个重要方法。

9楼：友情是要经营的。不是说以心计待人，而是很婉转地去对待友谊，去了解对方，去磨合。维持一段一生的友谊，要付出很多。

（稀释深蓝图）

两只狐狸

◎天宇

风刮了整整一天，傍晚的时候又下起了鹅毛大雪。他和她是两只狐狸，他曾经是狐狸王，个子很大，很结实，目光锐利而炯炯有神，牙爪坚硬有力。她个子小巧，嘴巴是黑色的，眼睛始终眯笑着。他的风格是山的样子，她的风格像水的模样。他们相依为命，共同生活了八年。在他看来，和她在一起就是幸福。

天渐渐黑了下来，为了尽快弄到果腹的食物，他们在森林里转悠了好长时间。雪把一切变得洁白，大地像盖上了一层厚厚的棉被。他们没有找到任何食物，只得朝灯火依稀的村了走去。"轰"的一声闷响，他在她的视线中消失了，她的眼前呈现出一个洞。他有一刻昏厥了过去，但很快醒了过来，并且立刻清楚了自己的处境——他掉进了一个枯井。他发出一声长啸，示意她不要往前走。她听见井底传来一声他信心十足的深呼吸，然后听见由近及远的尖锐的刮挠声，随即是重重跌落的声音。他刚才那一跃，跃出了有一丈多高，但是离井口还差一大截呢。

她趴在井沿上，先是啜泣，继而呜咽。她想为他弄点儿吃的，那样，他增加了体力就能冲上来。她离开枯井，消失在森林中。他在井底紧张地忙碌着。他把井壁上的冻土一爪一爪地抠下来，然后聚集起来垫在脚下，再踩实。他的爪子已经完全劈开了，不断淌出鲜血来。

就在这时，猎人循着雪地上的脚印发现了他们，发现了在井底忙碌的他，然后朝他的腿上放了一枪。他一下子跌倒了，再也站不起来。猎人没想打死他，因为猎人知道，给他留口气，他就能发出声音，把他的同伴引回来，那样就会有双重收获。

她是在太阳落山之后才回到这里的，但是还没有走近井台就听见他在井底嗥叫。他在警告她，要她远远地离开，她也嗥叫，询问他到底发生了什么事。猎人在井边不远处守着，他弄不明白，两只狐狸叫着，只有声音，为什么看不到母狐狸的影子？猎人的疑惑没有延续多久，她出现了。她说不清哪来的力量，奔跑的

寒武纪荼蘼

速度像飞一样。没等猎人反应过来，她就把衔着的一只小松鼠扔进井底，然后飞也似的离开了。她想，她不能死，只要她还活着，他就有希望。枪声响起时，她已消失在茫茫森林中。

枪响的时候，他在枯井里发出一声长长的嗥叫，是愤怒的嗥叫，撕心裂肺的嗥叫。

天亮的时候，猎人熬不住了，打了一个盹。这时，她出现在井边，尖声呜咽着，她要他坚持下去，只要他还有一口气，她就会把他从井里救出来。

接下来的几天时间，她一直在与猎人周旋。猎人射击了九次，都没有射中她。第四天的早上，嗥叫突然消失了。猎人望向井下，公狐狸已经死了。

他是撞死的，头歪在井壁上，头颅粉碎，脑浆流了一地。因为，受伤的他明白，如果继续这样下去，早晚有一天她会死于猎人的枪口下；如果他死了，她就不会再出现了，那样她可以返回森林深处。他的死，是为了她。

猎人想，活着的母狐狸不会出现了，他想回村子去拿绳子，把公狐狸弄上来。没走多远，猎人就站住了……她站在那里，全身披着金黄色的毛发，满身是血，伤痕累累。她精疲力竭，皮毛被冷风吹动着，竟然给人一种飘逸的感觉，仿佛是森林中最具古典气质的精灵。她微微地仰起她的下颌，似乎是轻轻地叹了一口气，然后，轻快地朝井边奔过来。枪声响过，她顺势滑落到了井底。

猎人想等到第二天早晨风雪停了之后再去探囊取物，可这一夜，狂风卷着大雪早已填平了枯井，第二天清早，大地一片洁白，猎人无论如何再也找不到那口枯井了。

(摘自《青春美文》2011年7月刊，
白云轩主人图）

永子小姐的话

◎ [日] 石田裕辅 刘惠卿 译

这是在戈尔威这个港口城市发生的事。

我把自行车停在候船的队伍后方，站在我前面的女子回过头来，是名日本人，而且还是让人眼前一亮的美女，我的心也扑通扑通跳着。她穿着修长的牛仔裤，一头野性的短发，向我微微一笑："你一个人旅行吗？"

我回答，是的，然后听到她喃喃说道："哎呀……"反应有点奇怪，我实在不知道该怎么应答。真是个怪人啊，我想，虽然外表看起来精明，举止却相反是散发慢条斯理的柔和感。

终于可以上船了。船在不久后起航，目的地是阿伦群岛，也就是爱尔兰观光的焦点。我在船上和刚认识的永子小姐聊天，她说自己已经三十二岁了，但完全看不出来，最多不过二十五六岁吧。她从事美容造型业，每年工作六个月，剩下的半年就拿来旅行。

"你的行李只有这些吗？"

我问道，她身边只有一个小小的背包。

"对啊，我只准备一套换洗衣物，剩下的都穿在身上了。"

"不过，我还有带这个哦！一边欣赏美丽的风景，一边听着音乐，我就会想哭，觉得能活着真是太好了。"她从背包里拿出CD随身听，露出一脸心满意足的笑容。

我凝视她美丽的脸，在她的话中有些东西让我胸口一紧。

"明年我想去加拿大玩，有什么推荐的景点吗？"

"罗伯森山的健行步道非常棒哦！"

"我没办法爬山，因为有一条腿是假肢

寒武纪茶蘼

啊！"她依旧满脸笑容地说着。一时之间，我竟然不知道该接什么话才好。

一到岛上，我马上先走一步去找旅馆，然后带永子小姐过去，自己才去露营区扎营。晚上我和永子小姐会合，到镇上的酒吧喝酒。她说只要喝到啤酒就觉得幸福，也真的开开心心地喝着。这可是好喝的吉尼斯啤酒呢，两个人喝得很愉快，也醉得差不多了，不停说着耍蠢的趣事，接着聊到彼此的童年。话题一转到她的脚，气氛突然静了下来。

"十二岁的时候我得了骨肉瘤，结果就截肢啦！不过就算这样，救活的几率也只有百分之几，我运气真的很好。"

完全没想到她打从那么小就行动不便。我说不出话来，只能凝视着她那依然笑着的侧脸。

"我现在反而觉得少了一只脚也不赖哦！有人对我说过，因为这样我对事情的看法才和一般人不同，这倒也是。"她说这些话的时候一点也不介意，在柔和的表情中，完全感受不到丝毫勉强。

临别之际，我终于说出刚刚一直难以启齿的话："我明天准备去褐安古斯石堡，不过山路真的很难走。"

"这样啊，那我大概去不了。"

"不过，要是永子小姐愿意的话，我想我可以扶着你走一段。"

我有点担心她会说没这个必要，没想到永子小姐露出非常自然的笑容，"谢谢，那就拜托你啦。"这让我松了一口气。

隔天，我们约在褐安古斯石堡的入口会合，开始一起爬山。我扶着她的手肘步行，她说手牵着手走路反而没有安全感，会让人害怕。一步一步慢慢地前进，步调非常缓慢，两个人一起这么走着，我才开始惊讶，她是用这种速度旅行的啊！花了将近一个小时，终于爬上山顶，大海就像天空一样辽阔。之后，我一个人爬上另一座断崖，听着随身听传来的电影配乐，用昨天学会的速度前进。景色缓缓地流动着，像被刀子削得毫无棱角、形状奇特的石头映入眼帘，我不时停下脚步，注视着石头不可思议的外形。

从随身听传来庄严的交响乐曲，站在悬崖顶上，眼前是一片广阔的大海。"一边欣赏美丽的风景，一边听着音乐，就会觉得能活着真是太好了。"脑海中，不断回荡着这句永子小姐说过的话。

（摘编自《不去会死》，上海译文出版社，乾乾图）

寒武纪茶蘼

一位女性,她到底要遇到多少男性,才会让自己的生命有别样的奇异色彩?两小无猜的童真感情、深深眷念的父女亲情、一个爱自己的男人、永远为之牵挂的儿子……这些生命旅途中出现的男人,以各自的特质,将女性爱之天空点亮。

命中他力量

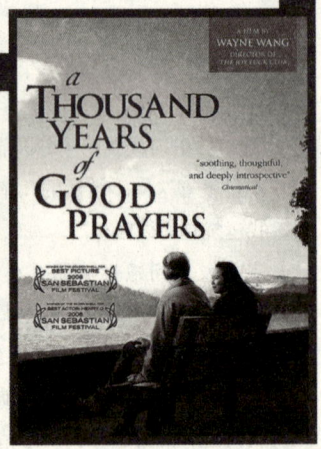

我曾结识一个小小的他
《两小无猜》

当一个人问另一个人"敢不敢"的时候,另一个人必须说"敢",这就是游戏的规则。小男孩于连和小女孩苏菲的相遇即开始于这样一场孩童的闹剧,一个精美的铁盒子就是他们游戏的见证。说脏话、扰乱课堂、在校长室小便、内衣外穿……一个游戏两人一玩十多年,他们什么都敢,除了承认彼此相爱。

经典台词:

朋友就像眼镜一样,让人看起来聪明,却容易刮伤,而且令人伤神。幸好有时候会碰到好眼镜,像我,我就有苏菲!

上帝: 从现在起,向伊甸园说再见。你,小女生,你将忍受生产、穿高跟鞋、节食与除毛之苦,还有拉皮。而且,你得做饭!你呢,小男生,我把最惨的都留给你,酷刑、瘟疫、恐龙、火山、核战、印地安大屠杀、洗衣机噪音、油轮沉没和灾难,尤其是,生病的漂亮妈妈。

苏菲: 你长大以后要做什么?
于连: 暴君。
苏菲: 暴君……统治一群顺从的子民?
于连: 那当然。还有后宫奴隶和每周四酷刑。
苏菲: 酷!
于连: 你呢?

苏菲：我……不好意思说……

于连：快说啊。

苏菲：不要，你会笑我的。

于连：我已经说了，该你说。

苏菲：我想当布丁蛋糕，樱桃口味或原味的，热热的摆在糕饼店橱窗里。

于连：布丁蛋糕？不错嘛，布丁蛋糕。简直太棒了！

何等爱深厚如密云欲雨
《千年敬祈》

《千年敬祈》以旅美华人李翊云的获奖小说为蓝本，讲述了一位退休的火箭工程师，在老伴过世后，自己从北京到美国探望离婚独居的女儿。老爷子的初衷是陪伴和开导郁郁寡欢的女儿，但思维和生活方式都与老人大相径庭的女儿却不领他的情，父女在客气而冷淡、沉默又试探的气氛中尴尬度日。直到有一天父亲窥到女儿的情人，父女间爆发了一场有节制的激烈争论，两代人的差异展露无遗，谁也不能说服谁，但终于，阻隔父女数十年的心结被触及，他们找到了默契的和解。

经典台词：

父亲：经理先生……

经理：您有什么事吗？

父亲：我想问还有公交班次吗？

经理：没了，先生，这趟是今晚最后一班。

父亲：可是我女儿还没到家，我在等她。

经理：她做女儿的，至少应该给您来个电话，说明一下无论是与朋友外出晚了（赶不上车），还是加班耽误了。

父亲：对呀，您说得对。

经理：我跟中情局打了11年交道，只要我小孩离开一小会儿，我都知道他到哪儿去了——至少我觉得是这样。

父亲：中情局？

经理：嗯，是的，我曾在那儿任职11年。

父亲：您知道，我们的孩子总是让我们担忧。我们让他们衣食无忧、关爱他们，他们反过来倒让我们担心，可怜天下父母心啊。

经理：可能作为父母能（为孩子）做的，就是担忧与希望并重。

父亲：只要有耐心，铁杵磨成针。

经理：我非常同意您的观点。您知道吗，当她回家了，好好地坐下来跟她谈一下，如果那不起作用，就给她一个悬崖勒马的忠告。

女儿：我说中文的时候，不是一个好妻子。因为我从小在这种语言里，没有学会如何去爱。当我学会了另一种语言，活在英文中，重新获得了表达和沟通的能力，我才开始学会去爱。

父亲：难道是我和你妈造成了你的婚外恋？你背叛丈夫，爱上有妇之夫，又使他背叛自己的妻子。都因为我们没教会你用中文来表达自己？

多少你爱的人都已过去
《他其实没那么喜欢你》

GiGi是个对爱情充满幻想的女孩儿，却在一次次约会中受挫。她的闺蜜们不断鼓励GiGi在感情中振奋起来，却各自对爱情怀有遗憾。几个女孩儿带着爱情的梦想在城市中跌跌撞撞，而此时一直未遇真爱的GiGi在酒吧老板

寒武纪茶蘼

Alex的口中听到了让所有女人心碎的话："He is just not that into you！"

经典台词：

男人要是真心喜欢你，可绝不会拖泥带水，他会立刻让你知道。他不会让你悬着一颗心，因为他自己也要确定你会不会因此而心灰意冷，转而另觅良人。

如果他是已婚，那就没什么好说的，至少在他离婚之前。如果你还想不通，那么大概应该报警——有人把大脑丢了。有时我们宁愿相信一个男人太害怕、太紧张、太自卑、太圣洁、太爱前女友、太敏感、太恋母、太忙、童年阴影太多、家庭压力太大、太累、太疯、晒得太黑、太有自杀倾向……却不愿意看清很简单的事实。是的，他不是太忙，不是受过伤，不是有童年阴影，不是遇到了地震洪水，不是要就任美国总统，不是得了脑震荡短暂性失忆，不是手机掉进了火锅，他不是有健忘症，他也不是死了——他只是没有那么喜欢你而已。

无以付出，唯有爱你
《东京塔》

东京塔这个见证时代变迁的道具从《三丁目的夕阳》里一路借过来，岁月流逝、人事变迁，望望这座沉默的建筑，也许会提醒人们"时间"对生活作了怎样的增删。电影是根据2005年出版，现已售出200万部的畅销书《东京塔——老妈和我，有时还有老爸》改编。原著是作者从年幼时代起，到母亲逝世，描写家族亲情的自传体小说。故事很通俗，病榻前的男人回忆着关于母亲的点滴，乍看上去有点"浪子回头"的意味，讲的道理也很浅近：岁月教我们懂得自己身为儿女对父母的亏欠。儿女难免有犯糊涂的时候，不懂珍惜身边无私的爱，所以之后才会试图成倍成倍地报答。

经典台词：

每个人看起来似乎都是一个人出生，独自一个人走过人生之路。但是，每个人理所当然都有自己的家人，有对自己来说重要的东西。然后，还有自己的妈妈。对于那些独自在异乡奋斗着的人们，心中也一定会怀着对家乡父母的思念吧，所以才能更加努力地工作。

（雅也带着过世母亲的照片登上东京塔）默念：妈妈，虽然已经过了好几年了，可是我现在仍然觉得很寂寞。怎么说呢？总是想起妈妈的背影。再多和妈妈说说话就好了，再多让妈妈吃些好吃的就好了，再多让妈妈去各处旅行就好了。现在总是觉得后悔，禁不住要哭。明明都是很容易做到的事，为什么就没有做呢？一直以来麻烦您照顾我，向您说声抱歉，同时也要说声谢谢。我一直把养育我长大的妈妈，当作我的骄傲。

诸白是个浪迹天涯的人，他的爱好就是从一个城市走到另一个城市，他很喜欢这样漂泊的生活，喜欢这样无拘无束地做一个过客。他从不在一个地方停留过长，也从不迷恋沿途的女子，他给人的印象总是闲散而温和，有一点寂寥，有一点无心。没有人知道他为什么会这样，他自己似乎也说不清楚，他只是隐约地觉得，自己可能是在寻找一样东西。

一个冬季寒夜，诸白行到一处野外，天色已经极暗了，还下起了雪。在此之前，诸白曾在一户路边人家的檐下喝了几口酒，但此时酒劲早已经散去，刺骨的寒意侵入他的肌肤。好在天无绝人之路，远远地诸白望见前面暮色中有一点灯火的微光。

诸白疾步向这点微光走去，近了才发觉原来是一家旅馆的门灯。这样荒僻的野外，居然有一家旅馆？诸白好奇地站在灯下左右打量，一根苍虬的梅枝从这家旅馆墙后伸出，正罩在他的头顶上方，枝上缀满了星星点点的花骨朵，晶莹剔透含苞待放，在雪影灯光下美得触目惊心。从梅枝上挪开目光，诸白又去看旅馆的招牌，是瘦金体的"落梅"二字，笔画清奇狂放不羁，好似一条墨龙般要破匾而出。

雪越下越大，诸白不敢在门外久待，他走上前抬手叩门，高声喊道："有人吗？"声音遥遥送了进去，却是一片寂然。诸白又接连叫喊了几句，方听到有拖沓的脚步声由旅馆内传来，慢慢走近，然后门"吱呀"一声被从里面打开，一张满布皱纹的脸出现在诸白眼前。

诸白骇了一跳，往后疾退。这张脸定定地看着他，并不言语。待到诸白心定下来，才瞧清脸的主人是一个老婆婆，只是这老婆婆实在太老了，不仅老得鸡皮鹤发，还佝偻着腰，又穿着一袭黑衣，乍一看就像从墓地里爬出来的幽灵。

"我行路到此，天黑雪大，希望能在贵处投宿。"诸白向老婆婆行了一个礼，想到自己刚才的慌张，他有些不好意思。老婆婆看着诸白，没有表示同意或者拒绝，良久，她方冲诸白招了一下手，然后转身先进了院内。

跟着老婆婆进到院子里，诸白鼻端嗅到一股淡淡的清香，直沁心脾。寻着这股淡香，诸白看到院中立着一株老梅。这老梅树干粗大，枝丫横斜，上面缀满了欲开未开的梅萼。这些梅萼就像他在墙外看到的那枝一样都是淡绿色的，仿佛是巧手的匠人用薄玉雕成花朵，然后嵌在枝上。

"好一株老梅！"诸白停下脚步，赞叹道。

落梅驿

◎ 弹杯一笑

寒武纪茶蘼

二

老婆婆领着诸白，沿着木制的回廊来到一间房子前，她伸手推开房门走进去，点燃桌子上的一根蜡烛。昏黄的烛光下，诸白看清房间里只放着一张床、一个桌子、两把木椅，靠墙还有一个衣柜，都是简陋的粗木家具，没有上漆。

诸白伸手摸了摸床上的被褥，有一些潮，却很干净。他回头想向老婆婆要一瓶热水洗漱，却发现老婆婆已经悄然走了。也罢，就这样随意过一夜好了，诸白安慰自己，走过去把房门关上。关门时，诸白透过眼角的余光，发现院子里的梅树下似乎有人影一闪。

一宿无梦，清晨诸白起床，他伸了个懒腰，打开门。屋外的雪已经深可积膝，风倒是停了，但雪还在不停地下，这样的天气不可能行路，诸白无奈地想。此时，院子里老婆婆正抱着一大捆木柴经过，诸白赶忙走上前，从老婆婆手中接过木柴替她抱着。

随老婆婆进入厨房，诸白放下木柴。"婆婆，我可能要多住几天，这雪太大了。"诸白一边捶着腰一边说道。老婆婆坐到灶前，燃起灶火，她扭头望向诸白，默默点了下头，算是听见了。"这里就你一人吗？"诸白想起昨晚梅树下的人影，好奇地询问，老婆婆却专心烧火不再理他。"这么大的旅馆，你一定有帮手一起打理吧？"诸白不死心地又问，他蹲下身子，帮老婆婆塞了一根木柴进灶。

灶火熊熊地燃烧起来，厨房里的温度渐渐升高。等锅中的水汩汩地沸腾了，老婆婆转到一边，用一把木瓢往锅内舀米，她先浅浅舀了一点，低头看了看诸白，又加了半瓢。

"婆婆，院子里的那棵梅树有多少年了？"诸白再度没话找话地和老婆婆搭讪，这次老婆婆狠狠瞪了他一眼，抬手沾了些锅盖上的水汽，在灶台上划出"500"三个阿拉伯数字。"五百年了？！"诸白惊叹出声。"你别靠近它，它可已经老得成精，会吃人。"老婆婆在灶台上画字恐吓诸白。"老得成精？"诸白心中暗笑，他想对老婆婆说："你也老得成精了。"不过这话实在大不敬，诸白可不敢把它说出来。忽然，诸白像是想到什么，他疑惑地抬起头："婆婆你怎么一直不说话？莫非……"

"莫非什么？"老婆婆冷冷地盯着诸白，指尖继续写道："莫非你才看出来我是个哑巴？"

三

吃罢早饭，诸白在旅馆中闲逛，他走到昨日的回廊，倚着栏杆赏雪。院中老梅上的花萼过了一夜，有些已经开始绽放，微绿的花瓣上积着些新雪，越发显得玉洁冰清。其中一枝蜿蜒地伸进回廊，正斜斜地横在诸白面前，诸白伸手欲摘一朵，却在将触未触的瞬间止住。这梅花如此晶莹洁净，让诸白自惭形秽，只觉自己摸一下都是亵渎。

就在诸白举手发愣的当口，忽听背后传来一声女子的轻笑。诸白闻声转头，看到一位留着齐耳短发、肤白胜雪的少女正坐在对面栏杆上望着自己。"你是昨夜来的客人吧？"少女脆声询问。"是的。"诸白微笑回答。"贾婆婆的落梅驿很久没有开张了，难得你能寻到这里。"少女一边摇晃着长腿，一边和诸白闲扯。"这儿叫落梅驿？"诸白感兴趣地追问。"是啊，你才知道吗？"

"我知道'落梅'，却不知道叫落梅驿，旅馆一般总是叫做什么旅社、或者什么酒店，'驿'这个字，却是很少有人用了。"诸白向少女解释。"原来如此。"少女露出恍然的神色:"贾婆婆就是这般爱风雅,那些个俗称她是断然不肯用的。其实世俗里有些东西还是挺不错,比如那个迪斯……什么乐园。""迪斯尼乐园。"诸白纠正少女。"对,迪斯尼乐园,我就很喜欢。"少女点头。

"你要小心哦,贾婆婆的住宿费不便宜。"少女笑嘻嘻地上下打量诸白:"你若付不起可就惨了。""哦,要多少钱?"诸白神色不变,他走南闯北各种黑店都见过,对付一个老婆婆自然并不慌张。"不要钱的,落梅驿从来不收客人钱财。"少女摇晃着脑袋,像看着一个乡下人一样看着诸白。"那要什么?"不收钱财的旅馆诸白倒还是第一次听说。"要……"少女突然往后一翻身,敏捷地躲到回廊外的一丛冬青后,她伸出半边脑袋冲诸白做了一个鬼脸:"贾婆婆来了,不要告诉她我说了她的坏话。"

老婆婆来了吗?诸白转过身,发现老婆婆果然伛偻着腰走进回廊,她走到诸白旁边,小心翼翼地扶住那枝伸进来的梅花,把它轻柔地送出廊外。然后又看了诸白一眼,颤巍巍地走出回廊。

目送老婆婆远去,诸白对着少女藏身的地方喊道:"出来吧,婆婆已经走了,你快告诉我她要什么。"连喊了数声,冬青树后却是一片寂然,诸白纵身跳过栏杆,发现树后早已没了人影。

低头望着脚下光滑平整的雪地,诸白的眉头悄悄皱紧……

四

这真是一个古怪的旅馆,有古怪的老婆婆,还有古怪的少女。诸白走回回廊继续赏雪,心却再也静不下来,他一会儿想这雪终究是要停的,等它停了我就离开,此处太古怪了;一会儿又想这雪不妨多下几天,像所有的浪子一样,诸白对神秘的事情总是分外好奇。

这般胡思乱想了许久,一声幽旷的琴音忽然打破了院子里的宁静。诸白寻声望去,看到老婆婆不知何时又走进了回廊,她盘坐在一块布垫上,双膝间架着一具古琴,正在勾弦调试。调好了音,老婆婆面容肃穆,端坐弹奏。

诸白侧耳聆听,听出老婆婆弹奏的是一首叫《问梅》的古曲。"问梅开未?重唱梅边新度曲,催发寒梢冻蕊。此心与东君同意,后不如今今非昔,两无言相对沧浪水,怀此恨,寄残醉。"轻拍栏杆,诸白随着琴韵哼唱。心情渐渐沉静。

一曲终了,仿佛犹有余音在廊间梅下缭绕。良久,诸白方回过神,击掌赞叹:"好曲!"

"问梅开未……两无言相对沧浪水,怀此恨,寄残醉。"诸白又低头吟唱了一遍,深觉此琴曲甚是符合当下情景。问梅、问梅,他忽然也想问问眼前这一树的梅花,这是何处?人是何人?来路渺渺,去路苍苍,他是该留下来多住几日,还是等雪停就走?

"婆婆……"诸白抬起头,欲求老婆婆再弹一曲,却发觉老婆婆已经抱着琴离开了,只留给他一个瘦弱的背影。也不知道是眼花还是角度问题,诸白突然觉得老婆婆的腰没有昨晚伛偻得厉害,恍惚中竟有一丝婷袅的韵味。

痴痴发了一会儿呆,诸白抬手在栏杆的积雪上写下四句诗:"雪冷琴声澈,庭幽梅影沉。良宵温梦好,谁为花下人?"写诗是文人的游戏,诸白原本是不爱的,但此时此刻,他心由境生,却是无端地有了感触。

写完诗,诸白也转身回房。待他走后不

寒武纪茶蘼

久，回廊外的雪地上忽然冒出一个小雪人，这雪人越长越大，转瞬就和真人一般无二，只见她妙曼地原地转了一圈，就变成了刚才和诸白说话的少女。少女三步并做两步来到栏杆边，低头观看诸白的留诗，看着看着，少女嘴角露出调皮的笑意，只听她似乎在自言自语："贾婆婆等了五百年的人，难道就是他？"

五

是夜，回想上午的所见所闻，诸白辗转反侧难以入睡，直到夜半时分一缕琴音透窗而入，才让他慢慢安宁下来。这缕琴音缥缈幽怨，仿佛离人哀诉，又像空闺低诉，和白昼的那一曲却又不同。诸白躺在床上静静听着，不知不觉迷迷糊糊地睡着，做了一个梦。

这是一个奇怪的梦，梦中场景是一方小院，小院里有两个人，一个是着长衫、戴头巾的读书书生，一个是穿着粗布长裙、头插荆钗的秀丽女子。书生站着，捧着一卷书吟哦；秀丽女子坐着，手中拿着一件男人衣裳缝补。两人各自干着各自的事情，时不时温柔地互相对视一眼……

很显然，这是一对古代的恩爱夫妻。从梦中醒来的诸白坐在床头，对自己为什么会做这个梦感到困惑，第六感让他觉得这个梦应该和自己有关，那书生、还有那秀丽女子，都让诸白觉得眼熟，甚至让他感到十分亲切。这种亲切像什么呢？诸白皱着眉头思索，对，就像在镜子里看到自己。

莫非这就是自己的前世？诸白好奇又有些兴奋地猜想，如果是的话，自己前世是书生还是那秀丽女子呢？当然，作为一个男人他比较倾向书生这个答案，但是遥远的前世谁也说不清楚。可惜这个梦做得太短了，诸白遗憾地摇头。窗外琴声已经消失，看来老婆婆也回房休息了，诸白再度缩回被窝，他闭上眼睛，希望能继续刚才的梦境。

可是接下来的梦境尽是杂七杂八的内容，和上一个梦完全无关，这般浑浑噩噩地睡了半宿，诸白醒来时天色已经大亮，趴在窗口他向外张望，院中的梅花已经完全开了，满树的绿萼把飞雪都映得微碧，蔚为壮观。诸白看见自己昨日

留在栏杆上的诗已经被夜雪遮掩，但在其上又新添了一首，这首新添的诗字迹娟秀，像是女子手笔。诸白凝神细看，不禁读了出来："野枝横暮影，晚来更伶仃。惟记百年约，凄凉灯下心。"

谁在和我唱和呢？诸白脑海里浮出昨日少女的影子，但转瞬他又摇头否决了这个猜想，因为这首诗里用了"伶仃"和"凄凉"两个形容词，而这都不是活泼少女爱用的词；看诗的含义，似乎是这棵梅树在回答自己，难道？难道这棵梅树真的成了精？

不，不可能的。诸白嘲笑自己的胡思乱想。排除了少女和梅树，剩下的人只能是老婆婆。老婆婆会弹琴，或许也写诗，但她为什么要写这首诗呢？诸白想了一会想不明白，便懒惰地不去想了。他肚子饿得咕咕叫，披衣起床准备去找点吃的。一拉开门，却和一人撞了个满怀。

六

来人正是昨日少女，她堵在门口，伸手指着栏杆上的字迹向诸白笑吟吟地介绍："有人唱和你的诗了。""我知道。"诸白头也不抬，准备绕过她出门。少女着急地一把拉住他袖子："你不看看吗？""我看过了。"诸白告诉少女。"有何感想？"少女感兴趣地询问。

"什么感想？"诸白茫然地站住脚步。"木头！昨天看你写下那首诗，我还以为你都想起来了，不枉婆婆的一番痴心。"少女伸出手指狠狠戳诸白的胸膛："原来你还是糊里糊涂的一个浑人。""说什么呢？"诸白一头雾水。他不想再和少女纠缠，挣脱袖子就欲开溜。

"慢着！"少女在诸白身后喊道，"你想不想知道在落梅驿里住宿需要什么？""需要什么？"诸白停下脚步，转过身。"在落梅驿里每住一天，就要交一首咏梅诗以抵宿资。你已经住了两天了，按规矩要写两首。所以贾婆婆的这首诗，你还是认真看看吧，然后再唱和一首。""如果不唱和呢？"诸白反问。"如果你拒不唱和的话……"少女斜眼瞟着诸白："就会被贾婆婆埋到树下做花肥。"

"真的吗？"诸白故作惊奇，他看到老婆婆正无声无息地走过来，冷着脸站在少女背后。

寒武纪荼蘼

"真的,贾婆婆很厉害哦,她把你脚一剁、手一剁、眼珠子再抠下来……"少女手脚比画,声情并茂地吓唬诸白。不经意间她一低头,看到地上有三个影子,顿时吓得一缩脖子,噤口不言。

"婆婆,早上好。"诸白忍着笑,和老婆婆打了个招呼。赶紧从少女身边溜掉,走进旅馆的厨房,在厨房桌子上诸白看到有一碗热气腾腾的粥,还有几碟小菜。诸白实在饿极了,他坐在桌前不客气地端起碗。

诸白吃到一半,门口光线一暗,老婆婆从门外走了进来,她一直走到桌前,默默地坐下盯着诸白看。诸白被老婆婆瞧得心头发毛,鼓起勇气问道:"婆婆,有什么事情吗?不会真的要拿我去做花肥吧?"这旅馆处处透着古怪,诸白还真有些担心了。然而他看到老婆婆摇了摇头,突然眼里垂下泪珠,晶莹的泪珠慢慢地顺着那张布满沟壑的面颊滑落,一滴滴掉到桌子上。

"婆婆,你……"诸白慌张地站起来,他不知该如何面对一个老人的眼泪。不知道她为什么会哭,也不知道该如何安慰,他只能手足无措地站着,看着老婆婆在自己眼前像个小女孩一样哭泣,眼泪一滴接着一滴。

七

"妞妞,你看这株绿梅如何?""这般矮小,是梅花吗?""当然,这可是我花了五两银子从东门花市买回来的,种在院子里陪你,你要好好看护它。""知道了,诸郎。""要记得给它浇水,待我赶考回来,希望能看到它开花。""夫君放心,等你金榜题名回家,它一定会开出满树的花朵迎接。""不光要它迎接,还要你洗干净了在床上迎接为夫。""诸郎你又取

笑我!我不和你玩了。""好呀,竟然敢不和为夫玩,看我怎么惩罚你。""啊!诸郎饶命,妞妞知错了。"

梦中书生和秀丽女子的对话到此突然打住,取而代之的是男女的低低私语,良久,诸声停歇,只见一只素手撩起帏帐,推开床边小窗。"诸郎,下雪了!""下雪好啊,娘子为我弹奏一曲以助观雪之兴吧。"书生懒散的声音从帷帐内传出。"你呀,赖在床上还观雪呢。"秀丽女子嘲笑书生,但还是伸手摘下挂在床头的古琴:"要我弹琴可以,你听琴后得写诗词赠我。"秀丽女子转头对帐内说道。"但凭娘子吩咐。"帐内书生微笑回答。

秀丽女子执琴而坐,轻挑慢抹,叮叮咚咚的琴音顿时流满一室,书生躺在床上闭目聆听,陶醉其间。忽然,他一跃而起,取过桌上纸墨,笔走龙蛇,待书生写好掷笔,秀丽女子也正好一曲终了。她放下琴,走到桌边低头观看:"雪冷琴声澈,庭幽梅影沉。良宵温梦好,谁做花下人?"

"娘子喜欢吗?"书生从后面搂住秀丽女子的腰,在她耳边笑着询问。"喜欢。"秀丽女子桃腮泛红,轻声回答。"娘子喜欢就好。"书生说罢,低头轻轻吻下……

从梦中醒来,秀丽女子的琴音仿佛犹在耳畔,诸白呆呆失了一会儿神,又揉揉太阳穴,那缕梦中的琴音却还是没有消失,诸白凝神细听,发现琴音原来传自窗外。诸白推开窗户,只见一轮皎洁明月挂在中天,大雪已经停了。院中梅树下,一个单薄的身影正盘膝坐在雪地上抚琴。

"妞妞!"诸白失声叫道,身影也闻声回头,却并非诸白梦中的秀丽女子,而是老婆婆。为什么老婆婆会弹梦中秀丽女子的琴曲?

为什么她的背影和秀丽女子如此相像？诸白心头疑惑，他愣愣地望着树下的老婆婆，树下的老婆婆也回头望着他，两人遥遥相望。

月色下，诸白清晰地看到老婆婆眼中两行清泪又潸然而下。

八

"真是笨人！到了此刻还不知道她是谁吗？"院子的一角阴影内，少女急得恨恨跺脚暗骂诸白愚蠢。"也罢，我再帮你们一把吧。"少女抬起头，轻轻朝诸白吹了一口气。

顿时一阵晕眩袭来，诸白眼前景物忽然改变，变为他梦中十分熟悉的场景。只是这次书生似乎即将出门远行，秀丽女子一边为他系好行囊，一边殷殷叮嘱："夫君此去博取功名，一路上一定要小心照顾自己。我在家中等你归来。"顿了顿，秀丽女子加重语气说道："你若一年不归，我等你一年；你若十年不归，我等你十年；你若百年不归，我等你百年；你若千年不归……"

"妞妞。"书生感动地握住秀丽女子双手，也慎重承诺："不管千辛万苦，不管是否考中，我都一定会回来见你，哪怕相隔十百年。"

二人别后，诸白看见书生走马乘船，遥遥向京师而去，一路风餐露宿，然而快走到京师时，他却不慎染上风寒。寒毒入体，加之无人照料，书生躺在客栈里昼夜咳嗽，病情越来越重，终于在一天寒夜，他口中不断念叨着"妞妞"，病逝异乡。

画面到此一转，转回当初的小院。诸白看见秀丽女子坐在书生手植的梅树边，天天等书生归来。然而一天天过去，一年年过去，当年小梅树已经长成老梅，梅花开了又谢、谢了又开，秀丽女子的鬓边也染上了白发，书生却依旧没有音讯。秀丽女子毫不死心，依旧在梅树下等待，后来为了更方便打听书生消息，秀丽女子更把小院改成了驿站，取名叫落梅驿。

落梅驿？诸白心中巨震，前尘往事一起涌上心头。他忽然明白了，明白了自己这些年的奔波是为了什么。是的，自己是在寻找，寻找一个五百年的诺言，一个叫"妞妞"的女人。

幻象消失，诸白推开门，慢慢走到梅树下，他执起老婆婆的双手。这双手当年是多么的光滑柔软，如今却枯萎如柴……诸白心中酸楚，未语泪先流，他面前的老婆婆，也早已经泣不成声。诸白拥她入怀，在她耳边轻柔低语："妞妞，我回来了。"

九

这一觉睡得踏实漫长，醒来阳光已经刺疼眼皮，诸白摸索着欲捏身边人鼻子，好像许许多多年前他们恩爱时那样唤她起床，然而身旁触手却是一片冰凉。诸白猛地睁大双眼，他惊讶地发觉自己并不是睡在床上，而是躺在一棵老梅树下，四周是空旷的荒野。没有房屋、没有落梅驿、没有木制的回廊、更没有他的妞妞。

"妞妞！"诸白一下跳起来，他焦急地大声呼喊，四处寻找。可是他找遍了周围，却什么也没有寻见，最后他沮丧地又回到梅树下，痴痴地望着那一树绿萼发呆。"难道，这真的只是南柯一梦吗？"他喃喃自语，弯腰拾起地上的一瓣落梅。

忽然，他蹲下身子，拂开积雪。只见积雪下面，斜斜倒着一块残碑，碑文刻着三个字：落梅驿。

（摘自《飞·奇幻世界》2008年第1期，韩兵图）

寒武纪茶蘼

给世界上的另一个我

有一种花叫双生花，一株二艳，竞相绽放。乐坛就有这样一批女子，将友情具像为结伴而行、同喜同悲、片刻不离的亲密举措，好像生来就犹如双生花那样相互依靠，彼此扶持。

志同道合型：
张艾嘉　刘若英　李心洁

师徒三人都是用清净得有些寡淡的声音认真唱着光阴的风韵女子，歌声里透着空袖临风的洒脱，婉转不绝的韵律，浅默地滋养了那个时代多少怀春的敏感少女心。喜欢与欣赏师徒三人的歌迷，便是被这种内在的丰富滋味所吸引。

我们没有在一起
◎ 刘若英

你一直说的那个公园已经拆了
还记得荡着秋千日子就飞起来
漫漫的下午阳光都在脸上撒野

你那傻气我真是想念
那时候小小的你还没学会叹气
谁又会想到他们现在喊我女王
时间走了谁还在等呢
可是呀只有你曾陪我在最初的地方
只有你才能了解我要的梦从来不大
我们没有在一起至少还像情侣一样
我痛的疯的伤的在你面前哭得最惨

生离死别型：
梅艳芳　何韵诗

梅艳芳在舞台上的即兴，可以看到她对音乐节拍的敏锐感以及她那份信心，她不同的舞姿可以看到她澎湃的想象力，亦都反映到她的生命力。穿上舞台服装，化了夸张的妆容，和舞伴一起跳舞，有人认为何韵诗想做梅艳芳的延续。而这首献给师傅的《如无意外》，动听且又回味悠长,是否已初露端倪呢?

如无意外
◎ 何韵诗

航程尚有几多千百里
云层上平静得出奇
无聊令人回想起
计划明年的婚礼
照旧或延期
其实本应这套戏
能幸福地演到尾
但我好奇
想试试企颁奖台被赞美
无人在前面的机场
迎来闸门来分享
你似是风景
缩到最细

良师益友型:
周笔畅 陈珊妮

受到"暗黑公主"陈珊妮的独家"青睐",特别为周笔畅创作并制作了《青睐》。笔笔化身音乐王国里的梦想家和冒险家,打破旧有框架,摆脱音乐惯性,在听众的耳际营造一段奇幻之旅。两人相当珍视《青睐》的合作,仿佛以一成熟一年青的女性角度,向我们诉说女人的恋爱烦恼。

青睐
◎ 周笔畅

你对我的明天若是有预感
我弹琴的指尖你可有灵感
要是我眉眼之间有一点不平凡
且让我感激你的青睐
这天色多昏暗你认出我来

这场景我习惯有一点孤单
要是我站上了舞台有一点不安
且让我感激你的青睐
我爱你身分一人一半
要是我歌词之间透露一点辛酸
那是我的眼泪和无奈
加上你无怨无悔的

新手上路型:
唐嫣 纪如璟

纪如璟的声音,在空灵中夹杂着坚定,喃喃低语中又透露着执著和坚强,仿佛迎着春风不断高飞的风筝,要想在下一刻飞到自己想要到达的最高点。转身为橙天唱片音乐总监的她,赋予心心相惜的密友唐嫣的歌声,是简单清新爽朗,又不失妩媚的温柔。

爱情引力
◎ 唐嫣

星期一天气晴苹果在忧郁
毫无空隙掩藏我脸红的痕迹
不明的作用力慢慢在靠近
拉住你的风衣有微醺的甜蜜
当我每次追逐你的神情
你的回应总是小心翼翼
偷偷细数着我和你的美好回忆
肩并肩地走在你的影子里
你给的爱情吸引力让我们加速靠近
绚烂而瑰丽像蝴蝶翩翩飞起
爱的吸引力重整了天体秩序
两颗脸红的心正偷偷靠近
你总是能懂我心中的字句
水果软糖给你有我们的秘密

(暖色底片图)

寒武纪茶蘼

西窗
◎苏童

西窗里映现的是城市边缘特有的风景，混浊而宽阔的护城河水，对岸绵延数里的土壤，河这边就是香椿树街，我从小生长的地方。

那天天气很好，久雨初晴的日子使妇女们格外忙碌，许多香椿树街的妇女都在晾晒腌菜。在午后的寂静中我突然听见红朵的祖母问我母亲。

你看见我家红朵了吗？红朵的祖母说。

没看见，大概在竹排上洗纱吧？我母亲说。

哪儿有她的人影，不知跑哪里疯去了，红朵的祖母说。

其实红朵当时就坐在我家的西窗前，她无疑也听见了外面的谈话，奇怪的是她的表情显得很漠然。别理她，别让她知道我在你家，红朵对我说。她在藤椅上欠了欠身子，侧首望着窗外。午后的阳光经河水折射投到女孩的前额和脸部，制造了一种美丽的肤色，金黄色的，晶莹剔透的，提醒我这只是个十四岁的女孩。

我猜不出红朵瞒着她祖母呆坐我家的理由，也许她想告诉我什么事情，只是不知道怎么启齿，她这样呆坐在我对面看我朝一支汽枪上涂凡士林油，已经好久了。

你替我出去看一下，我祖母还在不在门口呢？红朵用一种急迫的声音请求我，使我感到唐突而可笑。

你到底想干什么？我看了一下，对红朵说，她在拆手套，盆里的纱堆满了，你去帮她啦。

不，不去，我再也不替她洗纱了，红朵坚决地摇着头，左手手指拨弄着右手的指甲，然后她仰起脸说，你再替我到对面家里看看好吗？看看老邱在不在家。

怎么啦？你到底想干什么？你没看见我正忙着呢，我没工夫给你跑腿。

红朵站了起来，我的恶劣的语气大概出乎她的意料，女孩的脸立刻涨红了，她拎着裙角闪到后门边，走了。

对面的门洞里住了两户人家，红朵和她的祖母住在前厢，后面就是泥瓦匠老邱一家。很少有人去那里串门，在香椿树街的妇女堆里红朵的祖母属于令人嫌厌的一类，自私、饶舌、搬弄是非，而且她的身上永远有一股难闻的气味。反正妇女们从来不去红朵家串门。至于老邱家的冷清，明显是老邱的患有肺病的妻子造成的。老邱却是个好人，他的热心肠和乐善好善的行为在香椿树街有口皆碑。不管谁家的房顶漏雨或者有线广播坏了，主妇们都会说，去

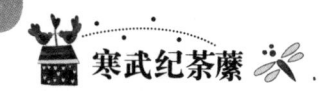

找老邱来修吧。

所以我第一次听见有人说老邱的坏话很不适应，我不知道红朵说的话是真是假。

当时，红朵坐在我家的西窗下，手指拨弄了半天的指甲，终于说出了那句耸人听闻的话。

老邱不是好人，他偷看我洗澡。红朵说。

红朵说完就走了。

我后来忍不住把这个秘密告诉我母亲。我母亲很诧异，她对红朵的话采取了一种鄙夷的态度。这个该死的红朵，我母亲说，她怎么可以往老邱身上泼污水呢？她家的日子全靠老邱帮衬，老邱待她就像亲生父亲一样。什么偷看她洗澡？鬼话。

不知从哪一天开始的，红朵总是在黄昏前推开我家的后门，前来与我约会。但我们之间并没有通常的初恋之情，我始终无法揣摸她的意图。她有点拘谨有点木然地端坐在西窗前，目不转睛地望着我，或者凝视窗外的护城河，但她似乎并不关心我在干什么，也不关心河上驶过的油船和驳轮的动静。我想她或许没有任何意图，她只是想在别人的窗前坐上一会儿。

离她远一点，我母亲告诉我说，她跟她祖母一样，小小年纪就会说谎，她家的人说谎从来不脸红。

红朵告诉我的一些秘密后来被证实是谎言。譬如她经常说起她的母亲在北京的一家医院里当医生，说她母亲如何美丽，如何喜欢洁净，如何体恤和呵护她，事实上红朵的母亲是一个纺织女工，她在丈夫车祸身亡后的第二个月嫁给了一个外地的男人。红朵还曾用一种古怪的语调谈起老邱妻子的病情，她说那个病人膏肓的女人很快就要咽气了，即使她不死老邱也会把她弄死。因为她看到老邱用瓦刀对着他女人，想趁她睡着的时候砍死她。

几天后我就看见老邱推着一辆板车从香椿树街经过。他的面黄肌瘦的妻子靠着棉被坐在板车上，女人虽然满面病色但目光仍然炯炯发亮，丝毫没有死亡的预兆。

我不知道红朵为什么对我说谎。

对于一般的香椿树街人来说，最耸人听闻的莫过于老邱偷看红朵洗澡的谣传。我曾经向红朵问过一些细节，譬如她在两家合用的厨房里洗澡的时候，她的祖母是否替她守着门？红朵说，她是替我守着门的，我每次洗澡都让她替我守着门的。

这就怪了，我审视着红朵的表情追问道，既然你祖母守着门，老邱他怎么能偷看到呢？

他是从窗户里偷看到的。红朵的回答明显是支支吾吾。

还是不对，难道洗澡不拉窗帘？再说老邱如果偷看你洗澡，你祖母怎么没发现呢？

红朵受惊似的望着我，她的眼神悲哀、恐慌而显得孤立无援。我看见她的渐趋美丽丰

寒武纪茶蘼

满的身体在藤椅周围坐立不安，大约过了一分钟左右，我听见红朵说出那句更为耸人听闻的话。

我告诉你，你千万别告诉别人。红朵说，我祖母从老邱那里收钱，每次收一块钱。

我惊讶地望着西窗下的女孩，无从判断秘密是真是假，我记得那是一个初夏的黄昏，临河的小屋里潮湿闷热，而红朵的白底蓝花裙子在斜阳余晖中闪烁着一种刺眼的光芒。

我忍不住把这件事作为一条可笑的新闻告诉了别人，这个秘密很快就在香椿树街上传得沸沸扬扬。有一天我看见红朵的祖母在沿河的石街上追打红朵，她祖母一边咒骂着一边朝红朵扇了三记耳光，我看得很清楚，红朵的祖母一共朝红朵扇了三记耳光。

红朵后来疯狂地向我家奔来，她的因愤怒和屈辱变得雪白如纸的脸贴在西窗玻璃上，我看见女孩的嘴边有一丝血渍，她在窗外啜泣，她在骂人，但所有的声音听来都是含糊不清的。我知道她现在的愤怒缘于我的背信弃义。

进入雨季以后红朵不再到我的小屋来。我凭窗观雨的时候偶尔看见红朵，她穿着一身不宽大的塑料雨衣蹲在竹排上洗纱，端着木盆来去匆匆，我知道那个女孩不会再偷偷地跑到我的小屋来了。

也就是在这个潮湿的雨季里，红朵突然长成了一个成熟妇女的模样。有一天我看见她和几个女孩并肩走出东风中学的铁门，她的丰满的体态和落落寡欢的表情使我感到很陌生。当我的自行车从她身边经过时，红朵猛然回头，直视我的目光充满了蔑视和鄙夷，我听见她用一种世故的腔调对同伴说，这条街上没有一个好人。

我心里突然很难受，而且感到莫名的失落。如此看来红朵以前是把我当成街上唯一的好人了。我不知道她做出这种判断的依据是什么，说到底红朵毕竟只是个十四岁的女孩子。

我家的房顶又漏雨了，泥瓦匠老邱应邀前来捡漏。当红朵扭着腰从街道上朗朗走过时，老邱用瓦刀敲碎了一块青瓦，然后他叹了一口气说，红朵那女孩子老是说谎，她的脑子可能有点毛病。老邱一边干活一边重复着那句话。我体察到老邱的心情抑郁而烦躁，我没有附和老邱的说法，因为我还不知道这种说法是不是另一种谎言。根据我以往的经验，香椿树街居民是经常生活在谎言和骗局之中的。

红朵从香椿树街突然消失是那年秋天的事。

那天护城河的航道发生拥堵，有许多船只滞留在岸边。我看见红朵蹲在竹排上一边洗纱一边和船上的人搭话，我听见她发出尖厉的快乐的笑声，但不知道船上的那些年轻男子对她说了什么笑话，那群陌生的异乡来客无疑给红朵带来了一份快乐。

那天之后，红朵就消失了。香椿树街的居民没有谁再见过红朵。流言说红朵跳到一只运煤的货船上去，跟着船上的一群陌生男人走了，他们说红朵是一个少见的自轻自贱的女孩子。

最初我曾怀疑红朵溺水而死的结局。有一天我孤身下河，多次潜到红朵最后驻留的那块竹排下面，我想打捞什么，结果一无所获。后来我不得不默认香椿树街的普遍说法。如此说来红朵就是一个更不幸的女孩了，一个被出卖和抛弃的女孩，有人把红朵抛给一条过路的货船，有人把红朵出卖给一群过路的陌生人。

就这么回事，你从西窗里还能看见什么？

（摘自《狂奔》，人民文学出版社，杜肖牧图）

寒武纪茶蘼

在时代华美的盛宴上

与她们的前辈在争议中的登场不同，现在的新生代的女孩们，已经懒得为自己辩护，而是以一种"世界当然是我们的"的理所当然的自信，开始无视旁人地、目标明确地，直接走上舞台，宣告她们已经长大，显示她们的力量，争取她们应有的地位和尊重。

15岁的她让世界吓了一跳

在刚刚结束的游泳世锦赛中，15岁的中国小将叶诗文在200米混合泳决赛中逆转夺冠。从去年4月的全国冠军，到如今的世锦赛冠军，叶诗文仅仅用了15个月就登上了世界泳坛的高点。环视当今泳坛，这样的成绩也只有菲尔普斯、索普等名将曾经企及。

然而面对这样的荣耀，叶诗文却很淡然。只是在镜头面前开心喊出"爸爸妈妈，我好爱你们"时，她才流露了几分喜悦。看，这其实还只是一个孩子，没有名利心，单纯执著，一心一意地游着自己喜欢的泳。

对叶诗文来说，真的，泳池才是她的世界。一年365天，除了泳池换水，她一天训练都没落

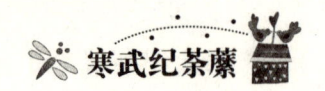

下。这种近乎偏执的热爱,跟菲尔普斯非常像。所以,在她骄人成绩的背后,其实是不为人所知的日复一日的刻苦训练。

不过,她也有同龄孩子活泼调皮的一面。她喜欢看侦探、推理类小说;最爱坐刺激无比的过山车,因为空中的自由翻飞,正如她在水中畅快遨游;而在训练中输给队友后,她也会不服气地大喊"我一定会超过你"。其实,在世锦赛最后50米实现大逆转时,她也是这么想的:我一定会超过她们的。超过,而不是赢过。她在乎的不是输赢,而是超越!这是一股孩子般的执著、孩子般的坚持。很希望在以后,叶诗文还是能这样简单地前行,不被胜负输赢的名利所累。

把世界当成自己的秀场

1988年出生的刘雯,现在是国际时尚界风头最劲的中国面孔。在权威模特排行榜网站MDC于2011年7月更新的TOP 50 上,她的排名是第六,这是中国模特获得的最高排名;在著名男性网站Ask Men评选出的2011年度全球最美的99人中,她亦是榜单中唯一的亚洲面孔。

刘雯创造了好多个亚裔模特的"第一":她是"维多利亚的秘密"的首位亚洲天使、雅诗兰黛的第一位亚洲代言人,在2010年星光熠熠的Met Ball(时尚界的奥斯卡)盛典上,她更是风光无限的唯一一位中国明星!她还为众多国际大牌如CK、Bergdorf Goodman等代言,并登上《Vogue》《ElIE》等重量级时尚杂志的封面。

这个曾在全国模特大赛中名落孙山的选手,这个单眼皮的"灰姑娘",正谱写着一段属于中国模特的铿锵乐章。再次想起素有"时尚男魔头"之称的Joseph Carle对她的描述:"她意味着我们所需要的那种美,魅力、梦想和希望的归来。"

我要进军三大电影节

2009年,一部名为《他叫苏格》的电影,入选美国南伊利诺斯州举办的Big Muddy国际电影节,这是该电影节创办31年以来唯一入围的中国影片。同年四月,该片又入围美国西雅图国际电影节,六月再次入围洛杉矶儿童电影节。

而导演艾水水,当时不过17岁,是电影节中年龄最小的导演。一炮而红后,她被冠上了许多头衔,如:亚洲最年轻的少女导演、90后导演第一人、90后女版王家卫等。而且,投资商也找上门来。对此,她很自信,也很淡然:"你可以说我片子拍得不够成熟,但我是唯一一个90后在拍电影的,甚至是唯一一个有意识拍电影给90后看的人,不投我投谁?

"我的目标是三年之内混进国际三大A类电影节,以及让90后拍的电影登陆中国主流院线。"其实迄今为止,在这三大电影节上能够获奖的中国导演一双手就可以数出来,可艾水水说这话时,语调轻松却认真,"跟着感觉走,做自己想做的。"

(胆子小图)

伊丽莎白织舞

　　穿着红舞鞋,这舞蹈永不能停下,在所有的白日与黑夜,从每一个春天与秋天,自过去到今天到明日。黄色的酢浆草花在荒野上沸腾,风笛穿行,鼓声从未停息,这节奏没有止境。

　　月神同日神交替乾坤,新发的绿叶还未从眼中凋落,白雪便覆盖了眉目,生同死,足尖踩乱了所有谜面与答案。从平原到高山,从沼泽到荒漠,穿越黑暗,穿越光明,仿佛逃离,仿佛沉溺,金丝缎带装饰着岁月,青春在裙袂上流淌,原来,还是从终点踏回原点。

　　瞬间与永恒,摇摆里,拾取时光之河的波浪,缀上花冠,上一支舞与这一支舞间,能否听到花朵开落的声音?永不能停止,这是唯一的武器,灵魂只为舞蹈存在。

伊丽莎白织舞

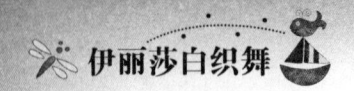

1

你大概知道丹麦的欧登塞——没错，现在它已经是一座著名的大城市了，可是在19世纪初，它还只是一个闭塞的小镇。小镇里零零散散分布着一些尖屋顶的小房子，两层楼高的教堂就是其中最雄伟的建筑了。

突然有一天，平静的小镇变得热闹起来，原来木偶剧团来到这里巡演了。全镇的人都跑到街上看表演。上帝啊，这一切多棒！小丑穿着红绿相间的衣服，手里不停地扔着几个金色的小球。他后面是位魔术师吗？瞧他的长斗篷，镇上最富有的太太也从没见过那么华丽的天鹅绒。游行队伍里还有一个穿大蓬裙的漂亮姑娘，她丰满的肩膀和手臂露在外面，一边走一边跳着欢快的舞步。

看表演的人群中有一个又瘦又高的男孩，他和其他男孩一样盯着那个大蓬裙姑娘。他长得并不好看——脸很窄，鼻子似乎太高了一点，鼻翼两边还长着些小雀斑。这个男孩——他叫汉斯，看得太投入，丝毫没意识到自己正站在路当中，挡住了演出队伍。走在最前面的大蓬裙干脆拉着他一起跳舞，汉斯紧张地皱着眉，两条细长的腿几乎要把自己绊倒了。

2

木偶剧团的游行在小镇引起了轰动。接着，他们在小镇的剧院驻扎下来，贴出演出海报。汉

木偶剧团抵达欧登塞

◎ 翡翠小姐

斯也想看演出啊，可是他没钱买票。他本人呢，正在一家裁缝铺当学徒。汉斯并不喜欢他的工作，他已经学了好几个月，针脚还是歪歪扭扭。

这个下午他又格外心不在焉，因为他一直在想晚上的演出。最后，他终于鼓起勇气向老裁缝预支下个月的工钱，拿到几个铜板后立刻飞奔去剧院。汉斯走进剧院，他发现又破又旧的剧院在今晚变得灯火辉煌。几十只最大号的蜡烛燃着熊熊火光，把舞台照得耀眼又明亮。汉斯很快就看到了那个大蓬裙姑娘。她的表演很卖力，正式演出之前跳暖场舞的有她，杂技演员表演飞刀时她是那个活人靶，魔术师上台她又配合着表演大变活人。最后的木偶剧里，她一人分饰多角，忙得妆都快花了。

不过，除了汉斯，大家的目光都集中在舞台中间的木偶身上。木偶剧是木偶剧团的压轴节目，主角是剧团里的演员和几个木偶。那几个木偶都是漂亮的女人，她们每一个都有真人那么大，皮肤是光滑的白杨木，头发是最有光泽的丝绸，眼珠是乌溜溜的荔枝核。而木偶剧团的木偶呢，总能牵动嘴角表示微笑，还能瞪大眼睛表示吃惊，有和人一样的生动表情。关于怎么能做到这一点，剧团团长爱德华先生说，这是因为别的木偶一般只有几十条提线，而木偶剧团的木偶足足有一百条。

在这群木偶里，总是扮演女主角的木偶叫做珍妮，她是爱德华先生最宝贝的东西。每次表演之前，他都亲自给木偶珍妮化妆换衣服，并且在表演时亲自操纵。天知道他面对着一百条提线会不会手忙脚乱——他操纵木偶时从来不允许别人旁观。

▶3

木偶剧团在小镇住了下来，每周演出不一样的剧目。白天他们有时候排练，有时候就在小镇上到处逛逛。小镇的居民很快就跟他们混熟了，把他们的底细打听了个一清二楚。而萨拉……就是穿大蓬裙的姑娘想要成为超级大明星。大家都喜欢萨拉，她活泼又开朗。她走在街上，全镇的男孩都来搭讪。萨拉穿着丝绸长裙，戴着宽边草帽，被男孩们逗趣的搭讪笑弯了腰。

汉斯可不加入他们，他停在不远处，假装正在寻找一只丢掉的手套。萨拉注意到了他，很快看出他的小伎俩。她觉得这个害羞的男孩挺有意思，于是就走到他身边。她盯着他的眼睛，在那双蓝色的眼睛里，有期待，有醋意，有自卑，而更多的是无法掩饰的爱慕。

萨拉热辣辣的眼神让汉斯直想躲，事实上他是要走了。可就在他转身的时候，萨拉叫住了他："喂，瞧瞧我的裙子，能帮我补补吗？"

汉斯从没这么感谢过自己的职业，他带萨拉回到裁缝铺，帮萨拉补在草莓田里划破的裙子。他的手紧张得发抖，线怎么也穿不过针眼儿。那道小小的裂口汉斯补了一整个下午。

▶4

汉斯加入了木偶剧团，负责准备和修补戏服，这样他就能一天到晚跟萨拉待在一起了，这多么值得高兴啊。萨拉也很高兴，但同时她也在为别的事发愁……她想当女主角，而爱德华先生总是把这个角色分配给木偶珍妮。

"即使是木偶剧，主角一般也会由真人担任！有哪个木偶剧团会像我们一样由木偶担任主角呢，那样容易出错啊！"萨拉说。

"可是爱德华先生好像从没出过错呢，他操纵木偶的技术真是高明！"汉斯回答。他不知道要怎么安慰他漂亮的小恋人，他也觉得以萨拉的实力完全可以演女主角。不过，他不想因此埋怨爱德华先生。谁都看得出来，爱德华先生偏爱木偶珍妮。

星期天，爱德华先生去教堂做礼拜，汉斯跟在他身后，求他答应萨拉的请求。爱德华先生手里拿着一本小小的《圣经》，一路上跟小镇居民和气地打着招呼，却对汉斯凶巴巴地说："如果你爱她，就想办法劝阻她，让她放弃当女主角的想法！"

走进教堂，爱德华先生闭上眼睛虔诚地祷告，汉斯只好待在他旁边。风从又长又窄的窗子吹进来，翻动了爱德华先生面前的《圣经》。一页，两页，三页，突然露出夹在书页中的一张旧照片。

照片是爱德华先生和一个女人的合影，下面用花体字写着爱德华先生和夫人。汉斯探过头去仔细看看，发现他的夫人……毫无疑问是个美人儿……长得跟木偶珍妮简直一模一样。

5

回到剧团，汉斯把这个惊人的发现告诉萨拉，这下他们明白了，怪不得爱德华先生那么喜欢木偶珍妮，那是他按照夫人的样子雕刻出的木偶啊。

这时，萨拉拿出一封信，快活地说："亲爱的，你瞧！"

信是从一百公里以外的大城市哥本哈根寄来的，寄信人是皇家大剧院的经理霍尔斯坦，他邀请萨拉去演戏，并特别在信的末尾写：来吧，我保证让你当女主角！

萨拉因为激动而脸色绯红，她说："你会跟我一起去，是不是？"

汉斯当然愿意，谁知爱德华先生却强烈反对。他大声说："萨拉，别忘了你跟我签订的合同还没到期呢！汉斯，劝劝你的女朋友！"

两个年轻人悄悄雇好一辆马车，打算瞒着爱德华先生离开，清晨就出发。就在他们要登上马车的时候，奥来和基奇出现了，他们是爱德华先生差遣来看管他们的。

萨拉和汉斯被关到后台的一个小房间。现在，汉斯再也不觉得爱德华先生是好人了，原来他这么自私。萨拉说："如果留下，我大概只能做一辈子配角！我得去哥本哈根！你知道霍尔斯坦先生曾经捧红过多少演员吗！"

"可是……爱德华先生不会放我们走……"

"所以我需要你帮我！"萨拉指了指小房间的窗户，"我要从这儿溜出去，而你得留下为我掩护。你必须尽量拖延时间，直到我顺利坐上去哥本哈根的马车。别担心，爱德华先生早晚会放你走，到时候你来哥本哈根找我！"

萨拉吻了吻汉斯的脸颊，从窗子翻了出去。而汉斯留在小房间，按照萨拉说的那样，不停地咳嗽，说话，假装两个人待在一起。

6

中午，爱德华先生打开了房间的门："出来吧孩子们，现在我们一起去吃午餐……"他的话没说完就愣住了，因为他发现房间里只有汉斯一个人。汉斯有点儿得意："真遗憾，先生，萨拉她现在也许已经到达哥本哈根了！"

爱德华先生的脸色变得很难看，他嚷："快去，年轻人，快去把她追回来！"

"合同没到期就离开，我代表萨拉觉得很抱歉。但是先生，只是因为您怀念妻子就不给她当女主角的机会，这实在不公平……没错，我们知道木偶珍妮长得非常像您的夫人。"

爱德华先生沉默了，过了好久，他才开口："我想……我得请你看一出木偶剧。"

他们坐在相邻的位子上看了一出木偶剧，女主角当然还是木偶珍妮。木偶剧结束以后，汉斯说："先生，您无非就是想让我承认木偶珍妮是当之无愧的女主角，我承认她真的很棒，但是萨拉也不差，请您相信我！"

爱德华先生看着汉斯摇摇头，他什么都没说，只是摊开了双手。电光石火之间，汉斯突然明白了，爱德华先生不是应该在舞台上操纵木偶吗？如果不是他，木偶是谁在操纵呢？

汉斯跑上舞台，乘升降机上升到舞台上面，去找木偶的提线。提线就那样随便地、松垮地扔在那里，舞台上的木偶，居然是自己在表演！

7

汉斯骑马飞奔，在今晚哥本哈根皇家大剧院上演的戏剧里，萨拉将担任女主角，他得赶去阻止这一切。一路上，他的脑袋里都回响着爱德华先生的话。

原来，这个剧团已经有好几百年的历史。几百年前，它演出戏剧而不是木偶剧。曾经有一位女演员一生也没当上女主角，那是巫术盛行的中世纪啊，那位女演员同时也是个女巫，于是心有不甘的她就诅咒剧团里所有成为女主角的演员通通变成木偶。

就这样，剧团里每一位女主角都不幸地变成了木偶，她们在台下没有生命，跟真的木偶一模一样，而在台上，她们的灵魂就会苏醒过来，在木偶的躯体里演完整场戏。爱德华太太就是这样变成了木偶珍妮，爱德华先生不愿看到这样的悲剧继续发生。而萨拉作为剧团成员同样受到了诅咒，所以，无论她在哪里的舞台上担任女主角，她都会变成木偶。

汉斯把马鞭挥得啪啪响，天色已经黑下来了，一定要赶在萨拉登台之前拦住她！

哥本哈根的皇家大剧院雄伟华丽，人声鼎沸，绅士和贵妇人正讨论着即将上演的戏剧。汉斯跳下马，不顾阻拦冲进剧院。他穿过高大的罗马柱和精美的雕塑，路过巨大而璀璨的水晶吊灯，踏上铺着厚地毯的旋转楼梯，一路狂奔，终于来到舞台前……

可是已经来不及了，萨拉此时正站在台上，说出作为女主角的第一句台词。

在强烈的灯光下，除了汉斯，谁也没看出女主角的变化。她光滑洁白的皮肤渐渐变成有纹理的白杨木，先是腿，再是身体，接着是丰满的肩膀和手臂，最后是花朵一样的脸庞。

戏剧结束后，观众席响起热烈的掌声，舞台的大幕徐徐拉上。汉斯泪流满面地跳上台，把缓缓倒下的萨拉——现在已经是木偶萨拉了，紧紧抱在怀里。

8

从那天开始，汉斯一直留在哥本哈根，没有再回欧登塞。跟萨拉的恋爱虽然短暂，但那么美好，就像童话一样。所以，他开始写童话，渐渐成为一位有名的童话家。出版商都想得到他新作品的版权，而八卦小报的记者们都想挖掘到他的消息——比如绯闻。

让他们感到失望的是，哥本哈根至少有几千位优雅的贵妇和美丽的姑娘，但他却没爱上她们当中的任何一位。他所要做的，只是一边陪伴着房间里的木偶萨拉，一边写童话。这一天，他又写好一篇童话。在把它交给出版商派来的信差之前，他用鹅毛笔在上面签下自己的全名——汉斯·克里斯蒂安·安徒生。

（摘编自《知音女孩·新小说》2011年7月刊，小黑孩图）

寄在信封里的灵魂

◎ 朱生豪

我并不真怪你,不过怪着你玩玩而已。你这人怪好玩儿的,老是把自己比作冷灰——怪不得我老是抹一鼻子灰。也幸亏是冷的,否则我准已给你烧焦了。我不大喜欢这一类比喻。例如有人说"心如止水",只要投下一块石子去,止水就会动起来了;有人说"心如枯木",唯一的办法便是用爱情把它燃烧起来,你知道枯木是更容易燃烧的。至于你所说的冷灰,只要在它中间放一块炙热的炭,自然也会变热起来。但最好的办法还是给它一个不理睬,因为事实上你是待我很好的,冷灰热灰又有什么相干呢?

你要是说你不待我好,即使我明知是真,也一定不肯相信。但你说你待我很好,我何乐而不相信呢?但我很希望听你说一万遍,如果你不嫌嘴唇酸的话。

你一定不要害怕未来的命运,有勇气把眼睛睁得大大的,凝视一切;没勇气就闭上眼

睛，信任着不可知的势力拉着你走，幸福也罢，不幸也罢，横竖结局总是个The End。等我们走完了生命的途程，然后透一口气相视而笑。好像经过了一番考试，尽管成绩怎样蹩脚，总算卸却了重负，唉呵！

我拍拍你的肩头。

※

我忘记了我说过什么话使你感激，愿你不要过分相信我，过分相信一个人会上当的。好坏都随各人判断，没有什么该不该。你要是能放心我，我能随便向你说什么话，我就快活了。我多分是个趣味主义者，不是十分讲理的，我爱你也许并不为什么理由，虽然可以有理由，例如你聪明，你纯洁，你可爱，你是好人等，但主要的原因大概是你全然适合我的趣味。因此你仍知道我是自私的，故不用感激我，感激倘反一反很容易变成恨，你愿意恨我吗？即使你愿意恨我，我也不愿意被你恨的。我们永远要好，就是那么一回事，今天下雨自然有下雨的原因，但你能说天有什么理由一定要下雨吗？

关于这题目有说不完的话，最好你相信，你应该这样"幸福"，如果这是"幸福"的话。

※

你不懂写信的艺术，像"请你莫怪我，我不肯嫁你"这种句子，怎么可以放在信的开头地方呢？你试想一想，要是我这信偶尔被别人在旁边偷看见了，开头第一句便是这样的话，我要不要难为情？理该放在中段才是。否则把下面"今天天气真好，春花又将悄悄地红起来"二句搬在头上做帽子，也很好。"今天天气真好，春花又将悄悄地红起来，我没有什么意见"这样的句法，一点意味都没有；但如果说"今天天气真好，春花又将悄悄地红起来，请你莫怪我，我不肯嫁你"，那就是绝妙好辞了。如果你缺少这种Poetical Instinct，至少也得把称呼上的"朱先生"三字改做"好友"，或者肉麻一点就用"孩子"。你瞧"朱先生，请你莫怪我，我不肯嫁你"这样的话多么刺耳；"好友，请你莫怪我，我不肯嫁你"，就给人一个好像含有不得已苦衷的印象了，虽然本身的意义实无二致。问题并不在"朱先生"或"好友"的称呼上，而是"请你莫怪我……"十个字，根本可以表示无情的拒绝和委婉的推辞两种意味。你该多读读《左传》。

我没有要你介绍女朋友的意思，别把我的话太当真。你的朋友（指我）是怎样一宗宝货你也知道，介绍给人家人家不会感激你的，至于我则当然不会感激你。

我待你好，你也不要不待我好。

（摘编自《寄在信封里的灵魂——朱生豪书信集》，东方出版社，赵亮图）

伊丽莎白织舞

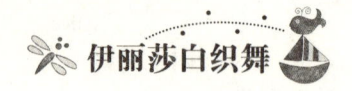

塔莎奶奶的一天

◎ 朱晓佳　朱桂英

塔莎奶奶是美国知名的绘本画家,从23岁发表了处女作后,就一发不可收拾地创作出80部以上的绘画作品,并获奖无数,深深地影响了无数孩子的梦想。从30岁起,塔莎就定居在美国的深山里,用最原始的方式一直生活到2008年去世。在过去的36年里,她培育出了一座不可思议的花园,继续她的艺术追求。92岁的老人,划船、遛狗、放羊,她的生活是很多人理想的天堂。

仅仅只是活着,
就值得感谢了不是吗?
就算公害与令人恐惧的事件层出不穷,
这世界依然如此美好。
即使是早已见惯的,
天上的星辰,
若是想着一年或许只能看到它一次,
仍会满心感动,是吧?
无论什么事,
都试着这么想,如何?

——塔莎·杜朵

清晨,先喂饱所有的"家人"

在2008年6月以前,塔莎奶奶每天清晨,都会扎上自己素雅的黑色发带,或者戴上一块碎花头巾,再穿上一袭古典而优雅的落地长裙——那长裙多是素色,或密或疏缀饰着点点花色。

大多数时候她光着双脚,有时候她穿一双纯手工缝制的灰色布鞋,走出她那被鲜花与绿树环映的十八世纪乡间风格的小屋,穿过细沙石铺就的小径,打开那扇圈养着三只山羊的栅栏门。山羊们早已等候多时,此时欢快地一跃而出。伴着愉悦的步伐,她带领它们走向羊棚,各就各位后依次挤下一大缸山羊奶。

然后是喂鸡。十几只土黄色的母鸡,用纤细的小腿支撑起肥鼓鼓的身体,争先恐后步履蹒跚地冲向塔莎。从鸡圈出来,塔莎奶奶手中的木篮子里,已有了十几颗圆滚滚的鸡蛋。

山羊奶与鸡蛋准备妥当,塔莎奶奶应该喝杯最爱的"爱尔兰"早餐茶,为一天的忙作提提精气神了。

仍然卧在沙发上懒洋洋的猫咪,和那两只无论何时、无论到哪都紧紧跟随着塔莎奶奶的柯基犬,当然也要在此时伺候周全。这两只柯基犬,已经不知道是塔莎家的第几拨了。很早以前,彭布鲁克的一位牧师,把一只刚出生的柯基犬幼仔装在有着小纱门的茶叶箱里,以几十尼的价格卖给汤姆——塔莎奶奶的小儿子。自从汤姆将这只柯基犬拿给母亲后,这种茶褐色的小犬就将塔莎奶奶彻底制服——"我对它一见钟情,从此成为柯基犬的俘虏哩",塔莎奶奶说这话时想必笑得心甘情愿。

整理庭院,是个令人满足的过程

接下来,塔莎奶奶要为浇灌壶中添满水,

伊丽莎白织舞

塔莎奶奶左手挎着篮子，右手拿着小铲子，走在园间的小径上去摘菜。她手腕灵巧地一弯，篮子中就多了一份菜蔬——这是大蒜，那是土豆，还有那个大个儿的，或许是南瓜，或许是棵巨大的包菜也说不定。

原料齐备了，烹饪才是塔莎奶奶的拿手好戏。在这方面，她不单是行家里手，而且兴趣十足："我很喜欢做家务。无论是洗、熨衣服，还是烹饪或洗碗。在填写问卷的职业栏时，我总会写下'主妇'二字。主妇可是个伟大的职

开始养护她最为人所惊叹的神秘花园。那些花儿开得姹紫嫣红，在这足有10平方公里大的庄园里，恰如其分地绽放于它所应绽放的位置。

我们现在大概可以想象这些花儿都是怎样来到这里的。塔莎奶奶曾经劝慰人们："试着花光所有积蓄，单买一种花朵吧，当它绽放为一片花海时，你会感到相当充实满足。"

如今你放眼望去，她的园子里这边是一片郁金香海，那边是一片紫罗兰海，再过去那边，是一片水仙花海——这一幅幅画面，比塔莎奶奶画得还要美。

当然，如果你想就这样挖个坑，把所有的种子都撒进去，然后坐等美妙花海的到来，这就太偷懒了。塔莎奶奶会告诉你："无论种哪种植物，都不能抱着'随便种一下'的心态。"

业呢。没什么可羞怯的对吧？身为主妇并不代表无法钻研学问，还是可以一边熬煮果酱，一边阅读莎士比亚的。"当然，塔莎奶奶熬煮的果酱，原材料也完全来自塔莎庄园。

塔莎奶奶告诉我们，只有花费了时间和精力，熬出的塔莎果酱才会带有淡淡的莎士比亚香呢。

如果经济无忧，或许就不作画了

稍事休息后，就是惬意而悠长的下午了。

塔莎奶奶要趁着美好的光线作画。作画时，塔莎奶奶总是专注地坐在木屋外的圆桌旁，或是坐在花园中的青石板上，多彩的颜料与画笔置放在一旁的桌上或是篮子里。两只柯

一边熬煮果酱，一边阅读莎士比亚

庭院整理过后，时间也就不早了，塔莎奶奶需要开始着手准备当天的午餐了。

伊丽莎白织舞

基犬依然温顺地伏在脚下。

先构思，再用黑色的画笔勾勒，待到墨迹全干，再用调试多次终于满意的水彩上色。在这些必不可少的工序过后，那些奔跑的小兔、追逐的野狗、挎着篮子甜美的小姑娘便跃然纸上了。

七十年前，她23岁，和自己的第一任丈夫托马斯·麦克里迪结婚。丈夫发现了自己妻子的绘画天赋，便想办法帮她出版了第一部绘本作品《Pumpkin Moonshine》（《南瓜月光》），未料想竟一炮而红。七十年后，她所出版的著作已达80余部。在她42岁的时候，她获得了代表着美国绘本作家最高荣誉的奖项：凯迪克奖，获奖作品是《1 is One》。

日落之后，是针线时间

下午四点半，是塔莎奶奶的下午茶时间。这是塔莎奶奶家中长年不变的传统，从不因任何事件打断。

每当这个时候，塔莎奶奶会用白底蓝花的一套茶具，惬意地沏上一壶甘菊茶，或者别的什么，然后喝茶，同家人聊天："下午茶可是很有助于放松的啊。所以，急急忙忙是绝对不行的。要以轻松闲适的心情，享受谈话的乐趣。"

黄昏到来的时候，塔莎奶奶常会坐在木屋外太阳余晖下的摇椅上，"一边喝着甘菊茶，一边倾听鹁鸟清亮的鸣叫声"。

直到天边的太阳渐渐落下去了，晚餐过后，塔莎奶奶的针线时间便到来了："作画这件事啊，得在自然的光线中进行才可以。所以，日落之后，就是我的针线时间。"

这时候，塔莎奶奶或许会坐在纺车前，一丝不苟地纺线，用心感受手指触摸织布机纹理时的感觉——"无论是哪个部分或者哪一条线，都能感受到织布者指间的温暖。"

无数个令人羡慕的一天

2008年6月18日之后，塔莎奶奶日复一日的幸福生活戛然而止。92岁高龄的她，在这所充满18世纪风情的古典庄园中溘然长逝。

不过事情还没有真正结束。她曾经这样透露自己的身份："我想我绝对是从19世纪30年代转世而来的。所以我死后，一定也会毫不犹豫地回到那年代去的。"

此时，塔莎奶奶应该已经回到她的年代，继续她的耕织生活，不过在那里，她将不再是一个特殊的老太婆。

写出《瓦尔登湖》的梭罗只在自己的小木屋中居住了两年多，而塔莎奶奶，则从她30岁起就开始尝试这样离群寡居的世外桃源式生活。起先是在新罕布什尔州，没有电，没有自来水，也没有取暖设施，她的丈夫最终无法忍受而离她而去，她的孩子们也因不理解她而纷纷心怀怨恨。

1972年，她的四个孩子都已长大成人，塔莎奶奶搬到了大儿子所在的佛蒙特州，建起了这座如今名满天下的塔莎庄园。

于是在这里，她度过了无数个令人羡慕的一天。

（摘自2011年1月16日《东莞日报》）

她是女子，我也是女子

美的标准不再单一，E时代的女子，如花似梦，以各自的万种风情，演绎着不同的人生轨迹。请让那些小说中的女主人公们也大胆跳出框架一次，只要足够张扬，便可肆意挥洒一个春天！

夹心软糖之 《窗边的小豆豆》小豆豆

缔造者：[日]黑柳彻子，著名作家和电视节目主持人、联合国儿童基金会亲善大使。

属性诊断书：那个懵懂单纯的为小鸭子流眼泪的小女孩，心里是满满的感动，发梢微垂，像轻轻洒下的泼过墨的月光，缓缓流淌的是脉脉如水的缠绵。

灰姑娘改良秘籍：也许人们一厢情愿地认为，她的世界就是简单的、幼稚的，如同一张白纸，那么有一天她的自传可能会让许多人感到有些恐慌。她成熟地谈论着牵手、亲吻，甚至初潮，丝毫没有大惊小怪。她也坦白地写出孩子间的勾心斗角，还有对出名，对升官（当班干部）发财的看法。

变身混搭品：圆点装、格子纹毛线围脖还有朋克味儿的格子衬衫，此番打扮的小豆豆，"魔童"范儿十足，有木有呢？

酷玩少女之 《你好，忧愁》塞西尔

缔造者：[法]弗朗索瓦丝·萨冈，著名才女作家，年仅十八岁就夺得法国"批评家奖"。

属性诊断书：在塞西尔通宵达旦的冒险中，其实大多是长久的脆弱与孤独。这个法国少女所亲历的，是无聊的社会，交织的青春。

灰姑娘改良秘籍：她做拍客是一种主流的态度，这样一种态度比技术更难能可贵。眼睛是心灵的窗户，照片是灵魂的表达，不奢望每一张照片都能震撼匆匆行人的心灵，只希望她的每一次快门都能为你带来一丝感慨。她会发现这个世界其实一点儿都不孤独，而且还充满着理解和快乐。

变身混搭品：川久保玲宽松、刻意立体化、破碎、不对称的潮衫，外搭一手港版iPhone、iPad，摩天大厦也将成为她的专属背景板。

都会霓虹之 《橘子红了》秀禾

缔造者：琦君，原名潘希真，当代台湾女作家、散文大家。

属性诊断书：秀禾常常看什么都带着温存，却仅仅局限在自己的小世界中。她恰似一幅旧时代的残像，诉说着逝去的老故事，温馨中透着怆痛。

灰姑娘改良秘籍：因为赶不上公交车她身着职业套装一路狂奔，或在办公室娴熟地操作电脑，提交文案，或在咖啡厅搅动咖啡，对着落地窗外涌动的人潮浮想连翩。她可能已经忘了乡间橘子的芬芳，吃着快餐西餐感叹自己胖了或瘦了，努力寻找一种恰当的语言表达：小资、白领，当然，代表高薪、高质量专业水准的"优皮"会是她下一个目标。

变身混搭品：内衬黑色但设计有特色的毛衣，外加波西米亚风纱巾，别忘了蹬一双浅口鱼嘴高跟鞋，整个感觉就都溢出来了。

午夜探戈之 《独居日记》梅·萨藤

缔造者：[美]梅·萨藤，出生在比利时沃德尔哥摩，颇具声誉的日记体作家、小说家和诗人。

属性诊断书：她穿着随便套上去的衣服，两脚懒懒地伸着，这个世界似乎是凋零的，让人厌烦的。只有这杯睡前酒才能把她带进没有烦扰的世界。

灰姑娘改良秘籍：她喜欢柏林的建筑和历史，钟情法国插花，读米兰·昆德拉、张爱玲以及年轻人爱看的网络小说，听早期的甲壳虫乐队音乐。闲时去河边散步，采摘一束盛开的小野菊，拔一些毛茸茸的狗尾巴草，配些绿色的枝条，用低矮宽口的花盆，放块花泥，修修剪剪，错落有致地摆弄一番，足以抒情达意。

变身混搭品：宽檐遮阳帽，剪裁精良长大衣。哦买嘎！奶奶，还有一副无片镜框吗？

（稀释深蓝图）

伊丽莎白织舞

有人的地方，就有江湖。所以，没有人能避开情感江湖。对于这复杂玄妙、堪比世间最厉害武器的情感，我们不妨以古龙小说中的七种武器为引，乱弹一下爱情的各种情境，或有穿凿之嫌，但绝无揶揄之意，只是单纯为情感而忧喜。

长生剑：爱意绵绵，长生不息，坚定执著

那年她16岁，正是最好的年华，英俊腼腆的他对她一见钟情。在之后的一个世纪的时间里，他们一直相依相偎，共同经历了战乱、逃亡、浩劫。最后，当一切都过去后，他们依然恩爱如初。张允和八十岁时，这样回忆她和周有光的第一次握手：当她的一只手被他抓住时，她就把心交给了他。从此，不管人生道路是崎岖还是平坦，她和他总是在一起，她一生的命运紧紧地握在了他的手里。

孔雀翎：夺魂摄魄，无从躲避，因为它实在美得令人窒息

有人说，爱情是含笑饮砒霜。法国行吟诗人夏特利亚尔用生命实践了这句话。他爱上了年轻

爱杀の七种武器

伊丽莎白织舞

美丽的苏格兰女王,"年富力强的我／如果被死神攫走／罪魁一定是你／是你用你的美／杀死了诗人。"他的爱情烧焦了理智,当他接二连三瞒过内侍藏进女王的寝宫时,宽恕便无从谈起了,他被送上断头台。作为罗曼蒂克的骑士,他用自己的死标志了骑士时代和骑士爱情的终结。

碧玉刀:刀有锋芒,玉有温润,合二为一,便是脱尘拔俗

诗人聂鲁达或许是最了解这种情境的人,他写道:爱意是如此短暂的事,倘若下一秒我对这种美、这种爱已无动于衷,甚至心生厌恶,那,恐怕这样的愉悦我便再也不能体会。正是如此,这种爱才如此强烈地值得我们去体味。它不会长久地存于你心中,而我们所在做的,不过是苦苦乞求爱之女神能再次临幸于我们,让我们感受到这种偶然的、乃至奇迹一般的美。

多情环:没有利刃,却更有杀气,因为它杀人于柔情

在电影《成长教育》中,16岁的少女珍妮所经历的一切,正如被多情环套住一般。她对父母督促她考上牛津的唠叨不厌其烦,而正在追求自己的男孩又不令父亲满意。一天,她邂逅了成熟男人大卫,对方举手投足间的迷人气质深深吸引了她。大卫和朋友不断带她见识优雅生活,目眩神迷中,珍妮迅速坠入爱河,然而事实真相并非梦想中那样美好……

离别钩:招招不离"情",却能令世上所有的事物分开

60年前,他离开时,舍弃了相约私奔的女友。途中,他将爱意和悔意化为文字,但这竟也成了寄不出去的情书。他再一转身,就已是一辈子的思念了。颤抖的双手,也只能在时光和现实面前捧着情书颤抖而已。这便是《海角七号》讲给我们的故事。情感的归宿和意义也许就在于它本身的过程,聚散驻空,没有永恒。

霸王枪:勇敢无畏,情坚如刚,宁折不弯

年轻时胡闹,谈不靠谱的恋爱、辞职、写剧本、做没人看的话剧、和没人看好的愤青结婚,才女廖一梅就如霸王枪一样无畏。她说:年轻时并不知道自己要过什么样的生活,但一直清楚地知道我不要过什么样的生活。那些能预知的、经过权衡和算计的世俗生活对我毫无吸引力,我要的不是成功,而是看到生命的奇迹。而奇迹,是不会在容易的道路上绽放的。

拳头:伸展了,便是放下;攥紧了,就是敝帚自珍。坚持自己所坚持的

作家周晓枫在《刀刃之舞》中这般感怀小人鱼的爱情,她说:少女时期的阅读中,我对王子暗怀谴责。可王子只是无辜的负情者,他的选择来自他的无知。他怎么能够设想,小人鱼的代价,她无休无止的折磨呢?假设他知道,那故事会被怎样改写?难道恩情与爱情之间,真的存在某个隐蔽的折算公式、某种先期的抵押关系?王子为什么必须爱上小人鱼呢?

(杨济东图)

112 | MOTTO

嗨，陪我走过青春的老男孩

◎ 桑 宁

放学回来，我走进你的王国——厨房，你正在做饭，白色的油烟和铿锵有力的刀铲声，飞快地卷进咆哮的油烟机。我没有多说，只是沉默着进了自己的房间。你听见关门的声音，隔着玻璃，声嘶力竭地喊：

"洗手，别忘了换鞋，冰箱里有洗好的苹果，饭一会儿就好了。"

真不知道，你每天说同样的话烦不烦。除了换水果的名字，没有任何新意。

其实，我一直都觉得，你这个人从来就没有什么新意。如果用语文杨sir的视角来解析，你充分体现了"老爸"这个词中，"老"的意义。它不仅代表了你不断增长的年龄，也代表你越来越古板的头脑。我常常怀疑你有没有青春过，也许，你的15岁，就像天天跟在老师身后的班头一样无聊，最大的乐趣，就是把上课说话的、自习睡觉的、没交作业的、上课玩手机的……统统记在本子上。想到这里，我在心里又鄙视了你一下。

我对着忙碌的你说："卷子要签字，我放在桌子上了。"

不久，你就来砸我卧室的门，"哆哆哆"的噪音，配合着你超快的语速，形象地描述了你的坏脾气。

你简直是在怒吼："你给我出来！这也太不像话了！不是答应我要认真学习的吗？一个女孩子，没有一次说话算数的！"

让你签字的，是我的第一张零分数学试卷。说来有点惭愧，监考老师用红笔，在这张卷子上作了精辟简短的点评——抄袭。所以，想我打开门接受你的暴风雨，那是绝不可能的事。

我躺在床上，戴上iPod，给你发短信："亲爱的老爸，我也是为你着想。如果我成功了，你就不用生气了。"

你终于不再砸门，换成了一句怒气冲冲的话："你给我等着，今天你不要吃饭了！"

17点45分，你不得不去医院。老妈病了，你要去陪床。我听见你打开门，换上鞋子，接着再关上门的声音，才悄悄打开卧室的门。世界很安静，饭桌上摆着饭菜，签好字的卷子摆在一旁。

你发来短信，说："这事别和你妈说，等我回来咱们再谈。快吃饭吧，认真写检查。"

伊丽莎白织舞

你看,你说话也不算数,还教我和老妈说谎。咱们可是上梁和下梁的关系,你没资格骂我了吧?

就像我预想的那样,抄袭事件很快就过去了。因为你忙,忙着繁杂的工作,忙着照顾生病的妈妈和不听管教的我。你的时间被细化到以分计算,没有浪费的可能。你手机的备忘录,总会时不时唱起一首不知名的歌,提醒你该写报告了,该给妈妈送饭了。或是,清晨六点,该叫我起床了。

学校艺术节,是我的重要时刻。我和班里的同学准备的英语短剧《"哈7"十年青春祭》,是仅次于教师大合唱的人气节目。我费尽力气争来扮演赫敏的机会,多希望在台上能穿一套订制的魔法袍,接受"麻瓜"们膜拜的羡慕眼光。但你看着名目庞大的报价单,表情很崩溃,高高在上的价格打破了你精心设置的家庭收支平衡表。

你说:"学习都学不好,还有闲心搞这个。现在家里的情况你又不是不知道!"

我说:"老爸,你有过15岁吗?你15岁的时候,就没有一件不合道理,却特别想做的事吗?"

你思忖良久,拿出你珍藏的一把吉他让我卖掉。

又是个周末,班主任坐在客厅沙发上,对你语重心长地说:"孩子是好孩子,就是鬼主意太多。"

你点点头说:"嗯。"

"考试抄袭,还给男生凳子上放图钉……完全不像女生。"

你又点头说:"嗯、嗯。"

"教育是学校家庭双方面的事,你可不能放松啊。"

你说:"我一定好好教育她。"

班主任走了之后,家里安静得可怕。我很想和你说,现在女生欺负男生是潮流,不抄数学怎么能及格。可是你脸上阴晴不定的表情,让我不敢张口。

我静静地坐在沙发上,等你酝酿好情绪大爆发。你却忽然站起身,放了张50元在桌上说:"自己订张比萨吧,今天不想做饭了。"

妈妈的手术很成功,我去医院看她。不用猜了,我们说起了你,说你近来的表现。我用了四个字来概括全文:有点特别。

你变得不爱挑我的毛病了,还常常夸赞我。偶尔会对着镜子发呆,或是一个人哼歌。有时候你还会坐下来,和我讨论一下《哈利·波特》。你无限遗憾地说:"真快啊,这就10年了。第一次和你看"哈1"的时候,你告诉我伏地魔酷毙了,现在反倒成了赫敏的粉丝。"

我把你的突变,归结为那两位大叔恶搞的电影。妈妈有点恍然地说:"你说的,是那部《老男孩》吧?你爸的青春都在里面了。"

我听了老妈的注解,对那部片子产生了巨大的好奇。坐在回家的地铁上,我就咬牙切齿地顶着流量的重压,用手机上了优酷。

原来,那就是中学时代的你,考试也会抄袭,回家也要挨骂。你打过架,也玩吉他,深爱着摇滚和MJ。我努力想象,你穿白袜黑皮鞋的模样,会不会更帅,更有型。你天天飘红的淘气指数,一定也让你的老爸大喊:"今天你不要吃饭了!"

这一天下雨了,地铁站里会有蘑菇长出来吧。湿漉漉的台阶上有男生抱着吉他在唱歌。我低着头,走过他的身边,仿佛与你的15岁,擦肩而过。我们追不一样的明星,淘不一样的气,但我们却一样的不知愁和不听话。只是,是谁让飞扬不羁的你,变成了中规中矩的老爸?又是谁让你抱着吉他的手,拿起菜刀切黄瓜?

是我吗?

是我吧。

那天我回到家,你在厨房里做饭。你听见我关门的声音,隔着玻璃喊:"去洗手,别忘了换鞋,冰箱里有切好的橙子,饭一会儿就好了……"

我却拉开厨房的门,大声对你说:"干吗让我把吉他卖了,那是无价的。"

那一刻,挂着围裙的你,举着锅铲,愣住了。

你说,你不想骂我了。因为当你回顾了自己的青春,才明白长大是一夜之间的事,所有说教,都不如自己醒悟来得重要。

所以,对不起,醒悟的我,悄悄删除了你手机里的清晨闹铃。不是恶作剧哦。我只是觉得,我可以在清晨六点,叫醒自己了,叠好被子,热一杯牛奶,烤两片面包和煎鸡蛋,然后在上学前,敲你的房门说:"老爸,起床了,你的早餐在桌子上。"

校艺术节开幕的那天,我请你和妈妈做嘉宾。别惊讶台上的我,没穿赫敏的魔法袍,而是背着把破吉他。你还会惊讶我唱的这首歌吧?老妈出院的那天,告诉我一个秘密:你手机备忘录里难听的歌,是你当年唯一的原创。

好吧,现在你该知道我为什么要用你难听的歌,换下赫敏的魔法袍了吧?因为我发现,陪我长大的,从来不是哈利·波特奇幻的魔法,而是你,这个已生出皱纹和白发的老男孩。

(摘自《少男少女》2011年第2期,

沈骋宇图)

伊丽莎白织舞

十五岁出门远行

◎格非

1980年夏天,我参加了第一次高考,毫无意外地,我落榜了——化学和物理都没超过40分。母亲决意让我去当木匠。

当时木匠还是个很让人羡慕的职业。我们当地有很多有名的木匠,但我母亲请不到,她请了一个亲戚。这人觉得自己特牛,很是凶悍,他对我母亲说,这孩子笨手笨脚的,我要是打他你舍得吗?

我很不喜欢这个人,我对母亲说,我要考大学,而且要考重点大学。母亲睁大了眼睛,你连门都没摸到呢,你要是考上大学,我们都要笑死了。

就在我灰了心、要去当学徒时,镇上的一位小学老师敲开了我家的门。他与我非亲非故,素不相识,我至今仍不知他是如何挨家挨户寻访到我们村的。我依然清晰地记得,夜已经很深,大家都睡了。他站在门外,把我母亲吓了一跳。他劈头就说,你想不想读谏壁中学——那是我们当地最好的中学。我当然愿意。他说他可以把我引荐给那里的他的一位朋友。

当我拿着他的信到了谏壁中学,他那位朋友却告诉我,语文、数学必须拿到60分,不然无法进补习班。他说,让我看看你的成绩单。

在决定命运时,我脑子还算清醒。我知道我的成绩根本不能进这个补习班,我也知道无论如何不能够把口袋里的成绩单给他看。于是我说,成绩单丢了。"你可以去县文教局,把分数抄回来。"他给了我一个地址。

县文教局在镇江。在马路边上,我只要随便跳上一辆公共汽车,就可以回到家,永远做一个木匠学徒。可如果我去县文教局呢?结果是一样的,我还是会得到一个一模一样的成绩单,还是无法进入谏壁中学,还是要返回家乡,做一个学徒。

我徘徊了两个小时。我是个很保守的人,不会轻易冒险,不会做非分的事。我觉得我90%是要回家的。我也没去过镇江,它对于我的家乡而言,是个大城市,太远了。这些都是无法逾越的理由。但那一次,我还是鬼使神差地登上了去镇江的车。

到了文教局,正是下班时间。传达室老头说,现在下班了,你不能进去。我想也罢,我进去又有什么用呢?在我打算离开时,有人叫住了我:小鬼,你有什么事?

我看见两个人,一男一女,往外面走。我说我高考成绩单丢了,能不能帮我补一下。男的说,下班了,明天吧。女的则说,还是帮他补一下吧,反正也不耽误时间。

他们把我带回办公室,帮我查找档案,又问我补这个做什么。我沉默了一下,突然说:"我的成绩单没丢。""那你来这里干什么?"他们显然生气了。

我于是讲了高考的落榜,讲了自己很想去谏壁中学补习,但没达到他们要求的分数线。我说我一定要读补习班,去考大学。

那个女的说,这咋行!男的不吭气儿,抽着烟。他让我出去等回话。十分钟后,他说,唉,帮他办了。我那时很小,十五岁,衣服破旧。大概他萌发了帮助之心。

他们问我需要多少分,我说语文70分,数学80分。说完了很后悔,因为这分数已经能考上大学了。我又改过来,语文68分,数学70分。写完了要盖章,但公章突然找不到了。他们翻遍了抽屉,打开又合上。这对一个小孩子来说,可能是最紧张的时候。没章不就完了吗?事实上公章就在手边,大概当时大家都太紧张了吧。

女的盖完了章,轻轻说了一句:"苟富贵,勿相忘。"我的眼泪一下子就流出来了。那是我迄今为止见过的最美丽的女性。我的感激出于如下理由:她竟然还会假设我将来会有出息。

我似乎没说什么感激的话,拿着成绩单,就飞跑着离开了。回到家时,我两腿都虚脱了。

第二年我再次参加高考,开始了在大学的求学之路。

对我而言,生活实在是太奥妙了,它是由无数的偶然构成的。你永远无法想象,会有什么人出现,前来帮你。我这样一个人,怎么可能相信生活是一成不变的呢?为什么我会那么喜欢博尔赫斯,喜欢休谟,喜欢不可知论,因为我觉得生命是如此脆弱,而生活很神秘。

(摘编自《阅读》2011年第6期,恒兰图)

伊丽莎白织舞

皇冠顶上的湖水蓝

吾爱至上的女王，一下光彩夺目，一上漫天飞舞，一路万人追逐，一步坠入臣服；一动万人簇拥，一晃风起云涌，一跃惊天动地，一瞥夫复何求；弹指间江河被撼动，延烧着你倾国倾城的火。

《年轻的维多利亚》

就任职位：公主

宫廷往事：登基前，年轻的皇储维多利亚不满母亲斯特拉森公爵夫人为私人顾问约翰·康罗伊爵士操控，威逼自己签署摄政条约。此时，内心孤独的维多利亚第一次遇见了令自己倾心的表兄亲王阿尔伯特。

光影絮语：哪个小女孩不想生来就是个公主呢？但是我发现，作为一个孩子，我却没有那么幸运。但是有些王宫却根本不是你想象的那样，就算是王宫也可能变成监狱。妈妈从来不告诉我，为什么要有一些人替我试吃食物，为什么我也不能和其他孩子一起去上学，也不能看那些流行的书，当我父亲去世后，妈妈和她的顾问约翰·康罗伊爵士设定了一些条例，他说那是为了保护我而设立的，他把它们称作肯辛顿体系，当我十一岁的时候我明白了这一切都是为了什么，我妈妈会在摄政期统治英国，所以我开始幻想着，有一天我的生活会改变。那时候我就自由了，我祈求能让我预知命运的力量，我会好起来的。皇冠会戴在我头上。除了我，谁都没有犯错的权利。

延伸赏析：《疯狂的胡安娜》

《大物》

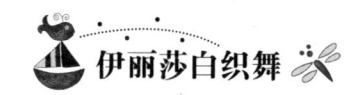

就任职位：女总统

宫廷往事：《大物》根据同名人气漫画改编，集智慧与美貌为一身的广播员徐惠林，身边总围绕着阴谋与感情，受到检察官出身的何悼也的帮助，最终成功当选为首位女总统。

光影絮语：田野里到处都是老鼠怎么能期盼着丰收呢？要是盼着丰收的话就得拿出老鼠药，得放药灭老鼠是吧。这做政治的人都像挖了十几个洞的小兔子一样，真的很难琢磨透啊！

世上是有人才有法，有法才有人吗？你既然是检察官不去现场看一下，只待在办公室里，现在人或者动物都会死，还要继续守法吗？守法之后，让我们死吗？这世上哪会有这种法制！

我是夕阳，你是朝阳，不要犹豫不决，做事小心谨慎，还要知道民心的可怕！没有力量的百姓得回避啊，要不能怎么样，再怎么喊活不了，国家都是没有回答的回声啊！权利都是用鲜血换来的，钢铁是要火和钉锤锻炼出来的！法律这个东西，挂在耳朵上就是耳环，挂在鼻子上就是鼻环，你要自己酌情处理！

延伸赏析：《早安总统》

《善德女王》

就任职位：女王

宫廷往事：新罗第24代统治者真兴王临死之前传位于皇孙真平王，然而玺主美室却集结党羽，独揽大权。为了保护自己的女儿和王后，真平王决定把次女德曼送出皇宫。15年后，德曼已经长成一个聪慧美丽的少女，天命注定她将重归故土新罗，战胜美室，一统三国。

光影絮语：如果那只是为了训练，纯粹就是欺诈！人们是不会向骗了自己的人付出忠诚！科学是挖掘事物的法规，是要挖掘真实。不愿倾听民声之人，没有资格当皇帝。不为百姓疾苦着想，就不能成为贤君。或许能成为枭雄军阀，但永远成不了盖世英雄。百姓要是知道了册历，会自己清楚节气为何物，会自己判断何时该播种。那样的话，也许不知道为什么会下雨，但他们却知道怎样把雨水用于自己的农事。哪怕多向前迈上一小步，也是他们所希望的。希望是能够掩盖这些疲惫和痛苦的。怀存着希望和梦想的百姓，会使神国变得富强。我要和那些志同道合者创造崭新的新罗！

延伸赏析：《武则天秘史》

（王华图）

她时代的光与影

若问草长莺飞，若问净手填词，若问京城飞鸿，她只是青萍末影，故城若梦。有蝶葱如文墨，谁是谁的谁，谁的青梅开在我竹马的城池里。

尚花之素，莫问流年，浮鸿掠影，姑苏的烟火闪烁不定，或许她仍在渔火的章节里不肯苏醒，或许她已跨越晶莹的湖泊。在童话的章节里，她宁愿化雪修书一封，记于滚滚红尘。

也许她只是那一尾溺水的鱼，在他不恰当的光影里，遭逢一枚淡蓝的鸟泪。垄上炊烟几许，面朝大海莫问春暖与花开，默默焙热最后一枚南下的呼吸。

春宴·三月弥生

美丽的春天，是挂在风筝上的翅膀，当春风吹起的时候，就是心情飞扬的时刻。春是一种萌势，也是一种懵式，今天就请你试着定制萌女生的专属路线吧！

Part 1

在初春把自己包裹得暖暖的同时，也不要忘记穿出最可爱的模样，做个吸睛的小仙女。大面积的皮草或者是仿皮草的元素难免显得有些成熟，走可爱风的MM可以尝试只在全身加一点点，这样显得活泼俏皮又温暖。一件红色单品也能为造型增加活泼感，打破全身沉闷造型，一顶红色的小礼帽就能轻松搞定。即使在寒意料峭的初春三月，也有太多的元素能够体现小女孩的俏皮味，比如"羔羊绒"，波点，跳跃的红色单品等等。

Part 2

你知道便当这个词是怎么来的吗？它来源于日文，意思和我们通常说的盒饭差不多，在闽南话里叫做"饭包"。哈，好像听起来有点别扭，还是便当比较时髦一点。

用木盒来盛饭菜是萌系女生爱心便当的标志，选用的是从印尼进口的白杨木饭盒。木盒子有很好的透气性，而且能吸掉饭菜中的一部分油和水分，使米饭保持弹性。相比发泡塑料饭盒，木盒子更有显而易见的环保功能。

真正懂得吃便当的人，其实是很讲究便当里米饭的好坏。做米饭，看似简单，其实还是很有讲究的。另外，还要一个大大的饭煲，就是专门用来做米饭的。这种饭煲只有在专业的便当店里才能见到。这个大家伙，用的是煤气。按照台湾人的说法，只有用明火做出来的饭才够香，够Q，有嚼头。

Part 3

它将是世界上独一无二的白皮书，它为你记录着所有的坝碎。

这个欧式复古线装本，可以180度展开，方便书写和绘画。管理本子的古铜钥匙非常有质感，仿佛可以打开你的一切心扉，让你随时记录心动时刻。每分每秒，渐近记忆的缘；每时每刻，堕入时光的渊。浮浮沉沉，徘徊、纠结、流连，生命是游弋着的光，忽隐忽现却总有落点。捉紧生命的浓度，坦白流露：纵然浮光、掠影、飞舞，不曾移步。

这就是"时光书"笔记本的落点，用美的方式记录你的生活，用艺术的形式见证你的过往。内嵌梦幻星域描图纸，惠存木西│栖│系列作品，将艺术与生活密切结合，并有限量特别版。一切时光，由你挥洒。

夏籽 · 七月央歌

夏天，色彩缤纷的生命齿轮开始转动。夏天很干净，很平淡。那轰烈烈的安静，表面平静，却潜伏着无数的惊喜与感动。如果你有一颗信仰热烈的心，必能看到我眼中的夏天。

跳耀在树脂画里的一尾鱼

日本艺术家深堀隆介创作的这些惟妙惟肖的金鱼画，如果没有看到实物，很难想到这些鱼都只是画而已。追溯深堀隆介创作金鱼画的缘由，当时是因为养了七年的鱼最终离开了自己，由此他开始了关于金鱼树脂画作的创作。细致入微的描绘体现了画家非凡的画功和耐心。制作工艺也相当考究：首先要在容器内倒入树脂，干燥两天后画上第一层图案，接着倒入第二层透明树脂，画第二层，再倒入第三层蜡胶，风干，完成。由此，他笔下的金鱼色泽亮丽丰富，鱼鳍和尾部在纯色的背景中若隐若现，犹如在黑夜的水池里灵活摆动。艺术家对金鱼精细的描绘，深刻表现了金鱼曼妙的姿态及其柔弱却又强韧的生命力。

都市编织族与微缩小镇

都市编织族们，将整个城市当成一个露天大作坊，一棵树、一个路牌、一座电话亭，甚至是一辆车，转眼间都披上五彩霞衣，绚丽夺目。而在英国肯特郡的一个村庄变成了用毛线编织成的微缩艺术品。一群编织爱好者23年前开始这一浩大工程，他们花了数千个小时，完成了这一巨作。这件微缩艺术品的原型是肯特郡的Mersham村庄：一草一木、一房一瓦、商店教堂、公园酒吧、学校邮局等他们都尽量依照原样进行编织，最后，共塑造了60多处景观。小到公用电话、垃圾桶，大到球场，都在作品中淋漓尽致呈现出来。所以，应该谢谢编织者们的一双双巧手，如仙女的魔棒，只轻轻一点，便将童话带到了人间。

曲水流面

日本有一种饶有情趣的面条，叫作"曲水流面"。院子里花木扶疏，筑有玲珑假山，还有一条小溪环山曲折而流。依傍溪流架有一条一米高、数十米长的竹槽，循着溪流的曲折，竹槽从假山边上的一间小屋延伸出来，竹槽里也是流水不绝。服务小姐引领着就餐者在小溪两旁的方凳上坐下，随即给每人送上一只小碗、一双筷子，碗里放好了调料。只听一声召唤，假山边上小屋里的厨师便把刚下好的面条一筷一筷间隔地放入竹槽顺流而下，任凭就餐者伸筷捞取而食。外行者瞧着竹槽里面条流到再举筷子，待筷子伸到竹槽里面条则已流过数节。在行者则未待面条

流到，即将筷子插入竹槽，他们将此法用中国成语形容，谓之"守株待兔"。吃得不够还想吃，莫着急，源头流水又有面条来！

盛放的广场彩虹伞

对于西班牙，你我总有这样的感觉——就像你迷失在一条曾经生活过多年的街上，或许这里的某处封存着你的记忆，你发誓要找到它们。你来到完全陌生的一个酒吧，在角落里坐下，忍受着临桌酒杯碰撞发出的脆响和经过红酒折射而散出的奇幻光彩的惶惑。如今，在科尔多瓦城，这个大规模的装置由大量高度和直径不同的圆形预制构件组成，它们按照灵活的方式进行排列，创造了一大片城市森林阴影。这些五颜六色的阳伞在夜晚提供了人工照明，同时还为这座城市的主要广场遮雨排水。这个方案靠近西班牙科尔多瓦火车站，这里每周还将有两天举办集市和其他活动。一把把彩虹伞，更多地演绎了伞文化"爱"的真谛——温情之爱、生活之爱、城市之爱、自然之爱。

风格玩具，萌童趣事

童年岁月可说是这个世界上每个人心里最重要的回忆之一，它丰富与否、缤纷与否，对回忆中的人来说，是自己童年时期满足幸福与否的重要标准之一。童年的记忆大多是对视觉色彩的印象。来自加拿大温哥华的直线设计工作室，成立迄今已有25年时间。他们除了装置艺术、雕塑设计以及接单专案之外，八位工艺师还设计了许多有趣、造型特别，有着明亮色彩的卡通风格家具。对于不断成长的孩子来说，拥有一个灵活舒适的色彩空间，选用一套精心为孩子设计的家具，有益于开发孩子对视觉艺术的想象力和创造力。各种形形色色的颜色可以刺激儿童的视觉神经，千变万化的家具图案又可激发儿童对整个世界的幻想。这些，都是孩子成长中不可缺少的重要环节。

修补城市的人

城市的改变需要大家一起从小做起，从改变一栋旧房屋一座天桥等小范围做起。城市总会有很多不尽人意的地方，荷兰人Jan Vormann每天就是忙着修补城市角落。整个城市就仿佛是他自己的家，每个角落他都如此呵护。这个男人一定是个内心温暖的家伙。看他给城市修补的颜色就知道呢。绿色具有蓝色的沉静和黄色的明朗，因此，它具有平衡人类心境的作用，是易于接受的色彩；红色表示快乐、热情，它使人情绪热烈、饱满、激发爱的情感；黄色表示快乐、明亮，使人兴高采烈、充满喜悦之情。这些五颜六色的色彩代表着力量、智慧、震撼和光辉，使人感到明快和纯洁，抬头便可望见一片明朗的光景。

秋枫·九月粟粒

秋日的阳光淡淡的、懒散散的,把满地的枯草和黄叶烘烤得干干的、暖暖的。这时她常常漫步于田间沐浴在金黄色丰收的喜悦中,行走于内心,也行走于世界。纵使孤身一人,内心已经如此充实,也不再觉得落寞。

在酷的深处怡然自居

环视音乐家刘索拉的家,你不免担心,在这个厂房改建的、依然充满工业味道的家里,她能在这冷峻、肃杀的灰色中日复一日地生活吗?那些硬得像英雄似的钢架,解构着她的家和生活,幸好花棉布做的沙发坐垫像是秋天的枫叶,让你眼前一亮,心头一暖。

刘索拉对音乐的设计和她对自己家的期望一样,追求大的氛围,大的感觉,大的效果,在恰到好处的时候出现,引导你走向音乐的深处。就像挂在她家墙上的中国古画条屏、五线谱拼成的现代画、当代舞蹈摄影作品,是对视觉空间恰如其分的点缀。理性的结构被感情的色彩融化和溶解,清晰结构之下是一种安静的温暖,不可言说的简洁和骨子里的优雅。虽然房间里到处是玻璃,但那些窗户在接近屋顶的地方,迎接最早的太阳。刘索拉说,她非常喜欢现在的家。

攀多,骑行西藏记

拉萨是一座流动的城市,太多的外地移民和旅游者令这座古老的城市日益呈现出兼容并且含蓄的开放气质,而拉萨的藏式小旅馆则为旅游者提供了独一无二的旅游空间。

攀多旅馆的老板是叫卓嘎的女子和老外合开的,所以旅馆被布置得犹如待字闺中的女儿,纯净、美丽。沿拉萨最热闹的街道一路走过去,攀多有着不大的门面,中英文两种招牌和很明显的"藏式"标志。主体是三层的阁楼,楼梯狭长房间较小,这使得旅馆本身具有较多的公共场所,如院坝、过道及面积不算宽敞的餐厅。在这里可以喝到醇正的酥油茶和地道的苏格兰咖啡,房间的布局特色是藏式的,居住方式却是欧式的,两者相得益彰的结果是使枯燥的旅途居住变成了饶有趣味的文化享受,使旅游真正成为一种生活方式,也使拉萨多了些与众不同的味道。

在味蕾的国度,滑翔

久闻叶怡兰的家,有美丽的窗景可以看山、看河,还有多功能实用的空间设计。真正到了她紧临着河滨的住家,打开门,第一个发现的空间,果然就是厨房。

美食作家的厨房果然很不一样,双面玻璃推门设计的橱柜,摆满了女主人心爱的各式茶具,既方便取用,同时也是个漂亮的展示柜。更让人艳羡的是,洗碗槽前的整面窗,透进温

暖的阳光，波光粼粼的河景和远山的绿意。这个空间不只方便烹饪、写作，也是叶怡兰每天进行喝茶仪式的地方。她细致地描述说，每天起床第一件重要的事，就是为自己泡壶奶茶。早茶通常是比较浓郁的，像是阿萨姆、祁门；到了下午，通常会换一道比较清爽的茶，像是日本煎茶、台湾地区的高山茶、杭州龙井或是大吉岭红茶。叶怡兰非常享受独处的时候，好好享受一杯茶、一本书、一首音乐，那是非常圆满俱足的状态。

母海，济州情韵

都说韩国济州岛有三多：风多、海女多、熔岩石多。海女是济州岛一道亮丽的风景线，据说她们可在水里坚持两分多钟，然后浮出海面换气。海女的手里有的抓着用来刺鱼的标枪，有的握着钩状的铁棒，这种钩状铁棒是用来撬取礁缝或石洞里的猎物的，比如鲍鱼。绑在身上的绳子连着一个浮漂，圆形的浮漂上系着一个网状口袋，那是专门放捕捉到的鱼或贝的。忽然，一个海女用标枪刺中了一条大约四五斤重、身上有斑点的鲽，便兴高采烈地提着标枪爬上岸来。只看见鱼在标枪上垂死挣扎着，海女则浑身水淋淋的，她的脸隐在潜水镜后面，看不甚清。

其实，海女的处境非常危险，每年都有因工作而丧生的海女。所以，爱女心切的妈妈们并不愿意自己的女儿去做海女，而情愿用做海女挣来的血汗钱供女儿读书、去大城市工作。估计再过个二三十年，济州岛的三多恐怕就只剩下二多了。

瑜伽，寻找另一个时空的自由

幸福是一种禅，没有标准的答案。幸福是一种灯火阑珊处的境界，只有经过岁月的流年以后，才明白。2003年，尹岩辞去杂志主编的工作，只身前往印度，那是尹岩在潜意识中的一次自我寻找之旅。大学时代追捧泰戈尔的诗歌，也清晰记得大卫·里恩的电影《印度之行》里的一句台词："印度使你面对自己。"在印度，她遇到了瑜伽教练莫汉。门被慢慢推开，尹岩只觉得眼前一亮，逆光看去，一个年轻英俊的印度男子沿着边缘缓缓走上讲台，他穿着洁白的服装，一尘不染，其实他谁都没有看，但是目光却那么温和，展开手里的练习毯，从容镇静地坐下，盘腿，握指，坐成一朵莲花的样子。

心晴的时候，晴也是雨，心雨的时候，雨也是晴，沉浸在心造的意境中，也能怡然自乐。现在的尹岩浑身散发出淡定、平和的气场，如同缓缓流淌的太阳雨，挥洒出金色的温暖的光芒，恬静的微笑。

冬露·腊月琼屑

> 思念错落在冬夜，挽着一丝怀念，披上一层思念，带走一抹忧愁，徒增一份悔恨。多想和光影里美丽的她慢慢变老，奈何时光流逝，转瞬千年，却始终难以忘怀当年的种种音韵。

▶ 一段传说 ◀

《白蛇传》在中国广为流传，开始时是以口头传播，后来民间以评话、说书、弹词等多种形式出现，又逐渐演变成戏剧表演。后来又有了小说，民国之后，还有歌剧、歌仔戏、漫画等方式演绎。到了现代也有根据《白蛇传》拍成的电影，编排成的现代舞，新编的小说等。

在南宋宫廷说书人的话本里，有《双鱼扇坠》的故事，其中提到白蛇与青鱼修炼成精，与许宣（而非许仙）相恋、盗官银、开药铺等情节，都与后来的《白蛇传》类似。并且在其他的文学作品里，也有类似的故事。

目前发现《白蛇传》的最早的成型故事记载于冯梦龙的《警世通言》第二十八卷《白娘子永镇雷峰塔》。清朝乾隆年间，方成培改编了三十四出的《雷峰塔传奇》（水竹居本），共分四卷，第一卷从《初山》《收青》到《舟遇》《订盟》，第二卷是《端阳》《求草》，第三卷有《谒禅》《水门》，第四卷从《断桥》到《祭塔》收尾。而这出戏的本子，在乾隆南巡时被献上，因此有乾隆皇帝御览的招牌，使得社会各个阶层的人，没有人不知道《白蛇传》的故事了。嘉靖十四年，又出现了弹词《义妖传》，至此，蛇精的故事已经完全由单纯迷惑人的妖怪变成了有情有义的女性。

延伸至现代，有根据《白蛇传》拍成的台湾电视剧《新白娘子传奇》，基本是按照已形成的故事再加的一些内容。此外，还有香港女作家李碧华的小说《青蛇》亦是根据《白蛇传》创作的，而后经导演徐克拍摄后搬上银幕。另外，本作在1958年也被日本东映动画改编成同名动画电影《白蛇传》，是日本史上第一部彩色长篇动画电影，堪称日本动画史上的里程碑。

▶ 两厢思恋 ◀

关于我妈和我爸的故事，我所能知道的的确很少，因为他们彼此展开情感的小翅膀的时候，我并不在场。我家的老相框里，至今还保留着几张相片，黑白底，照出来涂颜色的那种，通常把人的嘴唇涂得很红，吸血蝙蝠似的。其中，就有我妈梳着两根油光发亮的大辫子的青春照，她的两个腮上好像也细细地打了一层粉，仿佛刚喝了一场无关紧要的小酒。也有我爸的一张，穿的是军装，两只手插进裤兜里，嚣张跋扈的样子彰显着无辜而蓬勃的青春。

我妈当初的志向很简单，嫁一个工人，跟他生一个工人阶级的娃，吃工人阶级的皇粮，那饭

碗还是铁的，敲起来清脆作响。我妈还没当上纺织女工的时候，一直处在"待业"的状态。这个"待"，只是一种比较委婉的说法，就好像让一个饿了几天的乞丐盯一只空碗，即使眼珠子咕噜从里面滚落出来，也绝不可能瞪出一只歪脖子烧鸡。我妈是个勤快人，她从不让时间从指尖滑过，相反，她要用指尖创造效益，于是还干起了编织的买卖。不过我妈基本上没过过好日子，结婚的时候只有两双筷子、两只碗，吃饭的桌子是我爸卖电器时剩下的纸箱，很矮，吃饭时要把腰探下，勾着手去捞。那间屋子只有几平方米，光线很暗，常年释放出一股阴惨的湿气。炒菜的时候，因为舍不得放油，连锅里的菜都要受罪，滋啦一声冒出很多的烟，烟顺着墙溜进那个屋子，能把人呛得流眼泪。80年代就像一张地图，深埋在我妈的记忆深处，那是她脑海里面全部的"宝藏"。

三重梦境

近百年来，宝冢歌剧团表演的所有剧目无一例外地都是风花雪月、痴男怨女的爱情题材，剧中的男主角个个俊秀飘逸；女主角人人美丽贤惠，再辅以从西方移植而来美轮美奂的舞台与服装。

宝冢歌剧团分为花、月、雪、星、宙五个组以及一个专科。其中花组与月组是1921年以来便存在的元老，而宙组则是1998年才诞生的新丁。各组的特色各有不同，舞之花、戏剧之月、日本物之雪、扮装之星、年轻之宙为各组传统定位，不过近年来已日渐式微，拥有了新的特色。专科则不隶属于任何组，演出形式为特殊公演，以年纪较高的配角为主。日本人只有在观看宝冢演出的三个小时里才能暂时忘却生活的艰难和苦涩，并从中得到重新面对生活的勇气。这就是宝冢神话的秘密所在。

女性党魁、女性总理、女性反对领袖等前后相望，妇女在东南亚南亚的大地扮演着全球其他国家都不曾有的角色。弱质的妇女，酷而悍的政治，但也就在这奇特怪诞中，反而更衬托出她们和国家民族以及自身命运之间搏斗的艰辛。她们每个人都是一首史诗，缅甸的昂山素季则是史诗中的史诗。

昂山素季在缅甸被软禁的时间已经持续超过20年。她本可以抛弃理想，选择自由，但她选择了坚持埋想。血管里奔流的血液使得她在偶然遭遇缅甸政治之后即此坚守22年，没有退缩，更没有离开。传记片《昂山素季》的导演吕克·贝松说："这是一个关于用爱和精神力，而不是用武装力量在与世界斗争的故事。她就像甘地一样，告诉大家，人是有权利决定自己未来，有权利表达自己观点的。"

晕轮·锦羽之城

跳跃的指法、拨动的琴弦；低哑的呢喃、嘹亮的独唱，释放了麻涩的痛楚、焦躁的惊慌。心田重生了绿芽，微笑如花朵绽放，树影与月光的合音耐人寻味，让我们一同在锦羽之城里唱游，享受共鸣的梦幻时光。我们仿佛看到，即使是一丝希望的光芒，也足以照亮整个宇宙的黑暗。

⬇ Nicoletta Ceccoli，意大利女插画师，从1995年起已绘制超过30本儿童读物的插画，2001年被评为意大利年度最佳插画师。她的作品充满幻想、魔术、奇怪的生物和犹如娃娃般的人物。

⬇ Katya Miloslavskaya，俄罗斯女插画师，现居莫斯科，作品风格多变，充满故事性。

⬆ Andy Smith，英国插画师，这个系列作品是为英国心脏疾病基金会向学生推广每天锻炼60分钟的计划而制作，该计划有助于公众强健体制，抵御心脏疾病。

⬆ Aurelie Neyret，法国女插画家，现年26岁，风格充满童趣，以上这张是她的最新作品，"为我的男友30岁生日而作"。

⬆ Michael Bisparulz，巴西插画师，风格幽默可爱，以上这张名为《the worst job for a carrot》（对一根胡萝卜而言最糟糕的工作）。

➡ Roland Tamayo，美国插画家，现居洛杉矶，曾从事游戏概念场景设定，其作品中常出现遍布皱纹的巨大海洋生物在空中飞翔，充满浪漫及悲剧色彩。

➡ Melani Sie，印度尼西亚女插画师，她出生于1985年，以上左侧这张名为《Good Night Mrs. Moon》（晚安，月亮夫人），右侧名为《Angle Among Us》（天使在我们之中）。

128 | MOTTO